Mary Ellen
Kaffeefleck & Schraubenzieher

Mary Ellen

Kaffeefleck & Schraubenzieher

999 neue praktische und ungewöhnliche Haushaltstips

Zeichnungen von Josef Blaumeiser

Delphin Verlag

Die Tips in diesem Buch wollen nur mögliche Problemlösungen vorschlagen. Autor und Verlag können deshalb keinen absoluten Erfolg garantieren. Um Schaden zu vermeiden, raten wir zu Umsicht, vor allem bei feuergefährlichen Materialien.

Aus dem Amerikanischen
von Maren Feile

Originaltitel: Mary Ellen's Thousand New Helpful Hints.
Published by Doubleday & Co. Inc.
Garden City, N. Y.

Umschlagbild: Josef Blaumeiser.
Umschlaggestaltung: Christa Manner, München.
Satz: FotoSatz Pfeifer, Germering.
Druck und Bindung: Wiener Verlag, Himberg.
Printed in Austria · ISBN 3.7735.5385.4

Liebe Leser,

seitdem ich angefangen habe, Bücher zu schreiben (Sie kennen vielleicht schon meine ersten drei Bände und haben hoffentlich Gefallen daran gefunden), sammle ich die besten Tips für die Lösungen von Problemen im Haus, im Garten und im Umgang mit Kindern, für Autobastler oder was die Schönheitspflege oder Ihre Gesundheit angeht. Ich kann es nicht lassen, das Sammeln und Ausprobieren von neuen praktischen Tips, und hier haben Sie nun also mein viertes Buch mit vielen neuen und aktuellen Ratschlägen auf allen nur denkbaren Gebieten. Vielleicht hören sich meine Tips manchmal etwas merkwürdig an, aber wenn Sie Ihren Angora-Pullover ins Gefrierfach stecken, wird er wirklich nicht mehr haaren, und Rasiercreme reinigt tatsächlich Ihren Teppich. Probieren Sie es einfach mal aus!

Sicher wird sich mancher von Ihnen sofort auf das Nähkapitel stürzen, oder ein anderer braucht Ideen für seine nächste Einladung. Meine Leser haben vielseitige Interessen und Bedürfnisse, und ich habe versucht, so weit wie möglich darauf einzugehen. Ich meine, wenn Sie auch nur zehn Anregungen bzw. Tips in diesem Buch gefunden haben, die Ihnen das Leben erleichtern oder interessanter machen – und außerdem vielleicht noch Geld einsparen – dann glaube ich, daß sich meine Mühe gelohnt hat.

Mit hilfsbereiten Grüßen

Ihre Mary Ellen

Inhalt

Das Auto ist zum Fahren da

Die besten Tips für den Autobesitzer

So reinigen Sie Ihre Kunststoffsitze

- Wenn Ihre Autositze schon recht schmuddelig aussehen, dann besprühen Sie sie mit einem schäumenden Badreiniger, arbeiten den Schaum mit einer harten Bürste ein und wischen mit einem feuchten Schwamm nach. Das funktioniert besonders gut bei Kunststoffbezügen, aber auch bei Kunstleder.
- Oder benutzen Sie Seifenflocken, in denen Borax enthalten ist. Den Schwamm nur anfeuchten und mit kreisenden Bewegungen die Flocken einarbeiten. Gründlich abspülen.
- Oder wischen Sie die Sitze sowie das Armaturenbrett mit einem Tuch mit fettlösendem Fußbodenreiniger ab. Der Schmutz verschwindet, und Kratzer sowie abgenutzte Stellen werden abgedeckt; er trocknet schnell und glänzt ohne zu kleben.

Armaturenbrett reinigen

- Nehmen Sie einen angefeuchteten Schaumstoff-Pinsel, um schlecht zugängliche Stellen zu reinigen.

Gründliche Autowäsche

- Ein flüssiges Spülmittel für die Spülmaschine ist ein vorzüglicher Reiniger für sehr ölige und fettverschmierte Stellen am Auto.

Weißwandreifen wieder weiß

- Schwarze Striche bekommt man mit seifenhaltigen Putzkissen aus Stahlwolle (zum Kochtöpfe Reinigen) wieder weg.
- Wenn die Reifen nun sauber sind, reiben Sie etwas Autowachs darüber, dann behalten sie länger ihre Schönheit.

Toller Bürsten-Tip

- Nehmen Sie für die schlecht zu erreichenden Stellen an den Rädern eine Baby-Flaschenbürste.

So reinigen Sie Ihr Steuerrad

- Halten Sie im Handschuhfach stets einige feuchte Papiertaschentücher bereit, damit Sie mal schnell zwischendurch das Lenkrad sauber wischen können.

Wußten Sie schon?

- Je schwerer das Auto, desto mehr Benzin braucht es. Für jeden zusätzlichen Zentner wird die Kilometerleistung um 2% verringert.

Tankverschlüsse

- Ihren Tankverschluß werden Sie nicht mehr vergessen können, wenn Sie an die Innenseite des Tanktürchens einen Magnet befestigen (kleben) und dort den Verschluß beim Tanken verwahren. Nachdem sich das Türchen mitsamt Deckel nicht schließen läßt, werden Sie wohl nicht vergessen, ihn ordnungsgemäß aufzuschrauben.

Öl o.k.?

- Beim Ölfilterwechsel am Auto sollten Sie ein Stück Schmirgelpapier zwischen Schraubenschlüssel und Filter legen, dann rutscht er Ihnen nicht davon.
- Angebrochene Öldosen kann man mit den Kunststoffdeckeln von Ein-Pfund-Kaffeedosen sauber verschließen.

Ölwechsel selbstgemacht

- Erst lösen Sie den Filter nur ein bißchen, um das Öl ausfließen zu lassen, dann stülpen Sie eine kleine Plastiktüte, z. B. einen Gefrierbeutel, über den Filter und schrauben ihn ganz aus. Jetzt ist aller Schmutz und Dreck in der Tüte.

So kriegen Sie Ihre Ölhände wieder sauber

- Waschen Sie sie mit Geschirrspülmittel und Wasser. Das reinigt im Handumdrehen.

Richtiges Benzin

- Wenn es bei Ihrem Auto »klingelt« – oft geschieht das im Ausland –, versuchen Sie es erst einmal mit Superbenzin, bevor Sie in die Werkstatt fahren und den Motor neu einstellen lassen. Meistens hilft das schon.

Schloß auftauen

- Legen Sie beide Hände um das eingefrorene Schloß, und hauchen Sie hinein. Das Schloß wird sich gleich öffnen lassen.
- Oder erwärmen Sie den Autoschlüssel mit dem Feuerzeug oder einem Streichholz. Nur verbrennen Sie sich dabei nicht die Finger!

Wenn innen die Scheiben beschlagen sind

- Benutzen Sie einen alten Scheibenwischer. Er befreit Ihre Fenster ohne Schmierspuren.

Mehr Stauraum in der Garage

- Legen Sie einen Boden bzw. Bodenbretter unter der Dachschräge auf hervorstehende Balkenenden und nutzen so den Raum bis unters Dach.
- Bei Flachdachgaragen ist ein Zwischenboden in Stehhöhe aus kräftigen Latten und Brettern von Nutzen. Der so gewonnene Raum gibt Platz für die Aufbewahrung von Leitern, Skiern, Surfbrett etc.
- Oder bringen Sie Regale oder Wandschränke in halber Höhe der Garagenstirnwand an, denn die Motorhaube beansprucht nicht die ganze Höhe.
- Wenn in der Garage noch genug Stellfläche vorhanden ist, sind alte Schubladenkästen (ausgediente Küchenunterschränke) ebenfalls sehr nützlich. Beschriften Sie jede Schublade, damit Sie Starterkabel, Verlängerungsschnüre, Gartengerät oder was auch immer wiederfinden.

Im Fall einer Panne

Ein Loch im Tank

- Verstopfen Sie es vorübergehend (sozusagen als Erste Hilfe) mit einem ausgekauten Kaugummi.

Licht am rechten Platz

- Wenn es schwierig ist, dort genügend Licht zu bekommen, wo man gerade etwas reparieren will, befestigt man einen Fahrradspiegel an eine Taschenlampe und leitet den Lichtstrahl »um die Ecke« – dorthin, wo er gebraucht wird.

Es schneit! Na und?

- Ist Schnee zu erwarten, und Sie haben eine lange Auffahrt bis zu Ihrer Garage, dann lassen Sie Ihr Auto besser abends gleich vorn an der Straße stehen. So brauchen Sie morgens nicht erst die lange Auffahrt freizuschaufeln. Das Auto »auszugraben«, reicht auch schon.
- Legen Sie ein zusätzliches Gewicht in den Kofferraum (Gartenplatten, Sandsack o. ä.), damit das Auto schwerer wird und eine bessere Straßenlage bekommt.

Noch drei ganz »helle« Ideen

- Bekleben Sie einige alte Kaffeedosen mit Klebebändern in reflektierender Leuchtfarbe, und legen Sie sie in den Kofferraum. Im Notfall geben Sie gute Warnleuchten ab.
- Oder streichen sie die Dosen mit Leuchtfarbe an.
- Legen Sie sich ein grellfarbenes Tuch oder Stoffstück in das Handschuhfach. Im Notfall können Sie es an der ausgezogenen Antenne befestigen, wenn Sie im Schneesturm eine Panne haben und auf sich aufmerksam machen wollen oder auch, damit Sie Ihr Auto auf einem Großparkplatz nach dem Einkauf schneller wiederfinden.

Immer gesund und schön noch obendrein

Die besten Schönheits- und Gesundheitstips

Nicht feilen

- Nie nach dem Duschen, Baden oder Geschirrspülen die Nägel feilen! Aufgeweichte Nägel spalten sich beim Feilen, oder der Lack blättert ab. Lassen Sie sie trocknen und wieder hart werden, bevor Sie die Nägel mit der Feile bearbeiten.

Sie werden sich wundern wie das Gelbe verschwindet

- Entfernen Sie die gelben Rückstände vom alten Nagellack, indem Sie Ihre Nägel mit Zahnpasta bürsten, diese etwas einziehen lassen und danach gründlich wieder abspülen.

Noch ein Zahnpasta-Tip

- Wenn Kugelschreiber oder Klebstoffreste Ihre Fingernägel verunzieren, reiben Sie sie mit Zahnpasta ein und schauen zu, wie alles verschwindet.

Neuen Nagellack ausprobieren

- Hier ein Tip, wie Sie einen neuen Lack ausprobieren können, ohne dem alten Lack zu schaden. Reiben Sie die Nägel leicht mit einer Handcreme ein, legen Sie ein kleines Stückchen Zellophan (oder Klarsichtfolie) um die Fingerspitze und streichen Sie den neuen Lack darüber. Das ist eine gute Methode, um zu prüfen, ob einem der Lack auch wirklich steht.

Nagellack hält länger

- Halten Sie vorm Lackieren die Fingernägel in Essigwasser (½ Tasse Wasser mit 2 Teelöffeln Essig). Tupfen Sie sie trocken, und tragen Sie dann den Lack auf. Das hat noch zwei weitere Vorteile, denn erstens festigt Essig die Nägel und zweitens erweicht er die Nagelhaut.

Heile Fingerspitzen

- Risse und Schrunden an den Fingerspitzen sind schnell wieder geheilt, wenn Sie sie in Zinnkrauttee baden (1 Teelöffel Zinnkraut mit etwa ¼ l kochendem Wasser übergießen und 10 Minuten ziehen lassen).

Abgeblättert?

- Abgeblätterten Nagellack frischen Sie am besten auf, ohne neu lackieren zu müssen, indem Sie ein Wattestäbchen leicht mit Nagellackentferner anfeuchten und damit vorsichtig über die abgestoßenen Partien streichen. Anschließend polieren.

So trocknet der Lack schneller

- Lassen Sie die frisch lackierten Nägel einen Moment antrocknen, und spülen Sie sie dann unter fließendem, kalten Wasser.
- Oder halten Sie die Fingerspitzen zum schnelleren Erhärten in eine Schüssel mit Wasser und einigen Eiswürfeln.

Nagellack wird dickflüssig

- Ein paar Tropfen Alkohol (50%iger Weingeist) machen den verfestigten Lack wieder flüssig.
- Oder einige Tropfen Lackentferner haben den gleichen Effekt.
- Oder halten Sie die gut verschraubte Flasche unter fließendes, heißes Wasser, und der Lack läuft wieder wie neu.

Neuer Pony-Schnitt bei nassem Haar

- Glattes Haar schneidet man in Höhe der Nasenwurzel ab.
- Leicht gewelltes Haar läßt man etwa 1 cm länger.
- Ist das Haar kraus, schneidet man es erst auf halber Nasenlänge ab.

Selbstgemachte Haarkur

- Auf 2 verquirlte Eigelb kommt 1 Teelöffel Gin oder Wodka. Wie gewohnt das Haar waschen, mit dem Handtuch abtrocknen, die Mixtur einmassieren und 5 Minuten einwirken lassen. Gründlich spülen.

Phantastische Haarfestiger

- Selterswasser direkt aus der Flasche.
- Abgestandenes helles Bier.
- Oder mischen Sie 1 Teelöffel weißes Gelatinegranulat mit 2 Tassen kochendem Wasser. Abkühlen lassen und in eine Sprühflasche füllen. Fertig ist der Haarfestiger.

Schnelle Frisur

- Legen Sie Ihre Bürsten- oder Plastiklockenwickler in ein Gemüsenetz (evtl. von Zitronen oder Orangen), tauchen Sie sie in warmes Wasser, und schütteln Sie das Netz kräftig über der Badewanne aus. Mit leicht feuchten Wicklern drehen Sie dann das trockene Haar ein, und es wird sehr schnell wieder gut aussehen. Das ist schonender für Ihr Haar, als zu oft die aufgeheizten Wickler zu benutzen.

Wie Sie Ihre Haut retten

- Streichen Sie etwas Vaseline (oder Fettcreme) rund um den Haaransatz, wenn Sie Ihr Haar färben oder eine Dauerwelle machen wollen, dann bleibt Ihr Gesicht von den scharfen Chemikalien verschont.
- Legen Sie noch zusätzlich einen Baumwollstreifen auf die Vaseline unter dem Haaransatz, um auch noch eventuelle Tropfen aufzufangen.

Nicht das Waschbecken mitfärben!

- Falls Sie Henna oder kräftige Haartönungen verwenden wollen, sollten Sie das Waschbecken vorher mit einem flüssigen Geschirrspüler einreiben. Dadurch kann sich keine Farbe am Becken festsetzen.

Farbe mit Farbe bekämpfen

- Wenn Sie aber trotzdem Flecken vom Haarfärber auf die Haut bekommen haben – was dann? Haarfärber entfernt Flecken vom Haarfärber! Nur auftragen und gründlich spülen.

So hält Ihre Haarpracht länger

- Schützen Sie Ihren frisch frisierten Kopf durch ein großes Tuch, das Sie über die Frisur legen und dessen vier Enden Sie mit den Zähnen festhalten. Nun können Sie Pullover oder Kleid gefahrlos an- oder ausziehen.
- Oder ziehen Sie vor dem Überstreifen der Kleider einen halben Unterrock über den Kopf.

Sonnenschutz für die Kopfhaut

- Auch die Kopfhaut kann einen Sonnenbrand bekommen. Reiben Sie mit einem Wattestäbchen ein Sonnenschutzmittel auf den Scheitel oder die »Geheimratsecken«, wenn Sie sich längere Zeit ohne Kopfbedeckung der Sonne aussetzen.

Kein Suchen mehr nach Haarklips und Haarnadeln

- Einfach in einen Plastik-Topfkratzer stecken.

Saubere Schaumstoffwickler

- Geben Sie die Wickler in einen baumwollenen Beutel oder einen kleinen Kissenbezug, verschließen ihn und waschen ihn im Feinwaschgang mit der übrigen Wäsche mit.

Saubere Wickler, Kämme, Bürsten

- Kunststoffwickler, -kämme und -bürsten in einen festen Nylon-, besser noch Leinenbeutel geben und in der Waschmaschine waschen.
- Bitte jedoch keine Naturhornkämme oder Wickler und Bürsten mit hölzernen Teilen auf diese Weise waschen!
- Oder legen Sie die Sachen in heißes Wasser, dem Sie 2 bis 3 Teelöffel Salmiakgeist zugefügt haben. Sind sie sehr schmutzig, mit einer Nagelbürste sauber schrubben.
- Oder reinigen Sie Kämme in einer Lauge aus Seifenflocken in warmem Wasser. Kämme hineinlegen und einweichen lassen, bis sie sauber sind. Gründlich abspülen.

So bleiben Sie trocken

- Tragen Sie Pulswärmer, wenn Sie vermeiden wollen, daß Ihnen das Wasser beim Gesicht- oder Kopfwaschen die Arme hinunterläuft oder die langen Ärmel feucht werden.
- Oder nehmen Sie zum selben Zweck ein Stirnband und wikkeln es sich zweimal um das Handgelenk.

Das Gelbe aus der Bräune bringen

- Ist Ihre Bräune verblaßt und die Haut schimmert gelblich, verwenden Sie eine Feuchtigkeitscreme oder ein Feuchtigkeits-Make-up, das mehr rosa getönt ist.

Abdecken von »Zebrastreifen«

- Haben Sie einen neuen Badeanzug dessen Träger an einer anderen Stelle sitzen als beim alten? Decken Sie die schon gebräunte Hautpartie mit einem sehr starken Sonnenschutzmittel ab (Filter 6–8), um nicht noch tiefer zu bräunen, und für die hellen, blassen Stellen benutzen Sie einen mit geringem Filter. Mit etwas Glück und Geduld sind Sie in ein paar Tagen ebenmäßig braun.

Spitzer für Make-Up-Stifte

- Wenn Ihre Stifte für Augenbrauen, Lidschatten oder Lippen sehr weich sind, werden sie beim Spitzen abbrechen. Legen Sie sie vorher einige Zeit in den Kühlschrank, dann geht's.
- Und wenn der Stift zu hart und kratzig ist, erwärmen Sie seine Spitze zwischen den Fingerspitzen, bevor Sie ihn benutzen. Er ist dann weicher.

Ein Wink mit Wimpern

- Ziehen Sie den Stab mit der Wimperntusche auf einmal heraus und »pumpen« Sie nicht vorher. Sonst wird Luft hineingepreßt, die die Tusche schnell austrocknen läßt.
- Ist die Tusche eingetrocknet oder verdickt, machen 1 oder 2 Tropfen Glyzerin (aus der Apotheke) sie wieder geschmeidig.
- Oder lassen Sie fließendes heißes Wasser über das fest verschlossene Behältnis laufen.
- Wenn die Wimperntusche schon zu hart ist, nicht wegwerfen, denn sie läßt sich noch gut als Augenbrauenstift verwenden.

Sanfter Blick mit Lidschatten-Trick

- Nehmen Sie für diesen Tip gleichfarbige Lidschatten-Creme und Lidschatten-Puder. Erst die Creme auftragen, dann den Puder, und es sitzt!

Blanke Zahnspangen

- Tragen Sie Zahnspangen? Mischen Sie zum Reinigen gleiche Teile Salz und Natron und bürsten Sie sie damit. Spangen und Drähte werden appetittlich strahlen. Lächeln Sie, und tragen Sie sie stolz.

Fußpflege einfach gemacht

- Eine Pediküre ist leichter durchzuführen, wenn die Füße »eingeweicht« sind. Nutzen Sie das Duschwasser, indem Sie beim Duschen die Wanne mit dem Stöpsel schließen. So können die Füße einweichen, während Sie duschen.

Keine Laufmaschen durch Hängenbleiben

- Reiben Sie Füße und Beine mit einer Lotion ein, bevor Sie Ihre Nylonstrümpfe überziehen.

Beinrasur

- Pudern Sie Ihre Beine mit Babypuder ein, bevor Sie sie elektrisch rasieren, dann gibt es keine wunden Stellen. Den Rasierer aber hinterher gut reinigen!

Teer an den Füßen

- Nichts geht besser als Zahnpasta, um Teer von den Füßen zu entfernen.
- Mit Butter geht's auch.

Stets eine saubere Weste

- Ihr Make-up verschmiert nicht, und die Kleider werden nicht damit beschmutzt, wenn Sie ein Haarnetz über Ihr Gesicht legen und sich dann erst anziehen. Halten Sie dieses Netz für Ihr Make-up stets griffbereit.

Werkzeug für Ihre Schönheit

Verstopfte Spraydüse

- Die Düse vom Deodorant- oder Haarspray unter fließendes heißes Wasser halten; schon ist sie wieder offen.
- Oder verwenden Sie die Düse einer anderen Dose.

Kosmetikschwämme

- Halten Sie die Schwämme frei von Bakterien: Waschen und im Plastikbeutel im Kühschrank aufbewahren!

Bimssteinersatz

- Nehmen Sie die kratzige Seite eines Scotch-Britt-Topfreinigers. Manche glauben, daß so ein Schwamm sogar besser ist als der Bimsstein.

Großreinemachen mit alten Zahnbürsten

- Bewahren Sie Ihre alten Zahnbürsten auf. Sie können damit einen Doppelklingen-Rasierer reinigen. Bürsten Sie die Stoppeln zwischen den beiden Klingen heraus, vielleicht gelingen Ihnen damit dann noch ein oder zwei Rasuren.
- Alte Zahnbürsten lassen sich auch bestens zum Schuheputzen verwenden.
- Und mit einem langen Hosengummi am Handrasenmäher befestigt, sind sie gut zum Reinigen der Schneidekanten zu gebrauchen.

Mit festem Druck

- Wenn die Pinzette nicht mehr fest faßt, schärfen Sie sie mit einer Nagelfeile, einem Stück Schmirgelpapier oder mit einem Bimsstein. Die Pinzette wird dadurch wie neu.
- Nehmen Sie eine Wäscheklammer, klemmen Sie sie an die Zahnpastatube und rollen sie damit auf. Eine gute Methode, auch noch den letzten Rest herauszudrücken.

Dampf und Hitze

In der Sauna oder im Dampfbad

- Reiben Sie sich vor der Sauna ja nicht mit Feuchtigkeitscreme ein, weder im Gesicht noch am Körper, denn die Creme verschließt die Poren und läßt Sie nicht schwitzen. Am Schluß, nach dem Duschen, aber unbedingt eine Feuchtigkeitscreme benutzen!
- Tun Sie Ihrem Haar während des Saunierens etwas Gutes! Machen Sie eine Kurpackung. Die Wärme in der Sauna unterstützt ihre Wirkung.

Nach der Sauna

- Sie brauchen nach der Sauna kein Extrasalz zu sich zu nehmen, eher etwas Flüssigkeit, die Sie durch das Schwitzen verloren haben. Lassen Sie also Salzstangen, Kartoffelchips und Salztabletten links liegen, und nippen Sie dafür an etwas Wasser.

Vorsorge ist besser als …

Erste Hilfe für das Medizinschränkchen

- Kleben Sie kleine Magnete innen in den Medizinschrank, um Feilen, Nagelscheren oder andere kleine Gegenstände am Metall dort aufzuhängen.
- Ordnen Sie Medizinfläschchen in alten Eiswürfelbehältern, Lippenstifte in den Deckeln von Spraydosen und all den anderen Kleinkram in Plastikdosen.
- Kleben Sie einen dickeren Klebestreifen vorn ans Bord, damit die Medizinfläschchen nicht so leicht herunterfallen können.

Selbstgemachter Erste-Hilfe-Kasten

- Ein Karteikartenbehälter aus Plastik mit mehreren Fächern eignet sich gut als Erste-Hilfe-Kasten. Ordnen Sie alle notwendigen Dinge (wie Schere, Pflaster, Verbandmull, Salben etc.) hinein, und vermerken Sie auf dem Innendeckel die Verfallsdaten, so daß Sie nicht vergessen, rechtzeitig Ersatz zu beschaffen.

Auch eine Wärmflasche

- Eine große leere Plastikflasche von Geschirrspülmittel (auch Weichspüler etc.) wird mit heißem Wasser gefüllt und fest zugeschraubt. Mit einem Handtuch umwickelt gibt sie so eine brauchbare Wärmflasche ab. Vorher aber testen, ob sie auch noch dicht ist und kein Leck hat.

Steigt Ihnen das Eis zu Kopf?

- Wenn Sie beim Eisessen Kopfweh bekommen, liegt das an

der zu schnellen Abkühlung des Gaumens, die auf das Gehirn ausstrahlt. Essen Sie Eis immer langsam! Lassen Sie Ihrem Gaumen Zeit, sich an den Temperaturwechsel zu gewöhnen, und Sie werden weniger leicht Kopfschmerzen bekommen.

Wasser im Ohr?

- Hier ist ein guter Tip, wie Sie nach dem Schwimmen das Wasser wieder aus den Ohren bekommen. Halten Sie das überschwemmte Ohr schräg nach unten, und hüpfen Sie auf einem Bein heftig auf und ab. Also: rechtes Ohr – rechtes Bein, linkes Ohr – linkes Bein. Nicht lachen, es hilft wirklich!

Probleme auf der Waage

- Wenn Sie die Skala auf der Waage nicht mehr entziffern können, legen Sie doch ein Vergrößerungsglas darauf. Auch wenn das Ergebnis dann vielleicht enttäuschend ist, Sie können es doch wenigstens lesen.
- Oder setzen Sie gleich Ihre Brille auf.

Weniger Kalorien

- Tomatensaft hat nicht nur weniger Kalorien als Apfel- oder Orangensaft, er zügelt auch noch zusätzlich Ihren Appetit wegen seines Säuregehaltes. Trinken Sie ihn also vor dem Essen.

Schnarchen

- Nur wer auf dem Rücken liegt, schnarcht – also helfen Sie Ihrem Schnarcher mit folgendem Trick auf die Seite bzw. in die Bauchlage: Nähen Sie eine Kugel (Murmel, Holzkugel o. ä.) mit Hilfe von einem Stück Stoff in Höhe des Schulterblattes in den Pyjama ein. Wenn er sich dann auf den Rücken drehen will, wird er durch die Kugel geweckt, und er wird sich schnell wieder umdrehen. Und Sie sind erlöst.
- Oder binden Sie ihm einen Schal – auch langen Stoffstreifen – um die Brust, und machen Sie hinten einen festen Knoten. Das ist vielleicht etwas humaner.

Plastikflaschen für vielerlei Zwecke

- Sie sind ein beliebtes Badewannen-Spielzeug für Ihre Kinder.
- Für Handcreme oder Körper-Lotion benutzen. Kaufen Sie die großen, preiswerten Flaschen, und füllen Sie den Inhalt in handliche kleine um.

Wenn die Seife nicht mehr schäumt

- Stechen Sie mit einer Gabel kräftig mehrere Male in die Seife hinein, dann schäumt sie wieder wie eine neue.

Keine nassen Papiertücher mehr

- Wenn Ihre Kleenex-Tücher auf dem Bord oder auf der Kommode durch eine Überschwemmung immer wieder durchfeuchten, brauchen Sie keinen speziellen Plastikbehälter dafür zu besorgen. Stechen Sie durch die Schachtel »Füße« aus Stecknadeln (jenen, mit denen man Zettel an die Pinwand heftet). Es gibt sie in vielen Farben, so daß Sie zur Schachtel leicht passende finden werden.

Sehenswürdiges

Kontakten Sie!

- Um eine heruntergefallene harte Kontaktlinse wiederzufinden, versuchen Sie dies: Raum verdunkeln, und mit einer Taschenlampe über den Boden leuchten. Die Linse wird im Lichtstrahl funkeln.

Linsen reinigen

- Legen Sie die Linsen in ein sterilisiertes Gewürzglas mit perforiertem Plastikdeckel. Sie können darin im Handumdrehen die Linsen waschen, spülen und abtropfen lassen.

Sind Schrauben locker?

- Lösen sich die Schräubchen am Brillengestell immer wieder, dann geben Sie nach dem Festschrauben einen Tropfen farblosen Nagellack darauf.

Verwirrende Duftwolken

Der richtige Duft

- Parfüms prüfen Sie am besten am Handgelenk auf dem Puls. Aufsprühen, einreiben, etwa eine Minute warten, dann schnuppern. Gefällt Ihnen der Duft, machen Sie weiter Ihren Einkaufsbummel und prüfen Sie ihn danach wieder. Wenn er Ihnen dann immer noch gut gefällt, kaufen Sie ihn.

Parfüm preiswert

- Sie können Geld sparen, wenn Sie Ihren speziellen Duft als parfümiertes Badeöl erwerben anstelle von Eau de Cologne oder Parfüm. Genauso wie Parfüm auftupfen. Das Badeöl wird von der Haut aufgesogen, und die Duftwirkung ist fast dieselbe.

Parfüm für weniger

- Kaufen Sie große Flaschen (weil die im Verhältnis zu kleinen Mengen preiswerter sind), und gießen Sie einen kleinen Teil davon in ein Zerstäuberfläschchen. Aufgesprühter Duft ist wirkungsvoller und macht mehr Spaß.
- Aus Parfüm läßt sich leicht ein Eau de Cologne herstellen. Nehmen Sie vom Parfümfläschchen die doppelte Menge 80%igen Alkohol, eventuell auch noch etwas destilliertes Wasser, und mischen Sie es mit dem Parfüm.

Parfüm hält länger

- Tragen Sie Ihr Parfüm nach dem Bad auf, wenn die Haut noch etwas feucht und warm ist.
- Oder befeuchten Sie ein Wattebällchen mit dem Parfüm, und stecken Sie es in Ihren Büstenhalter.

Kleider parfümieren

- Anstatt die Kleider direkt mit dem Parfüm zu bestäuben, besprühen Sie das Bügelbrett damit, und bügeln Sie dann Ihr Kleid.

Parfüm in der Sonne

- Tupfen Sie kein Parfüm auf die Haut, wenn Sie sonnenbaden wollen, denn das könnte Pigmentflecken hervorrufen. Sprühen Sie stattdessen etwas ins Haar oder auf Ihre Kleidungsstücke.

Für Leute, die Parfüm nicht vertragen, es aber nicht missen wollen

- Sprühen Sie Parfüm in den Fersenbereich Ihrer Schuhe. Die Fußwärme bewirkt die Verteilung des Duftes. Wenn Sie Strumpfhosen tragen, wird es Ihrer Haut nicht schaden.

Parfüms lieben es dunkel

- Kein Parfüm ins direkte Sonnenlicht stellen! Die Sonne verursacht Verdunstung des kostbaren Nasses, und manchmal kann sich sogar der Duft dadurch verändern.

Gut bis zum letzten Tropfen

- Bewahren Sie die leeren Parfümflaschen geöffnet im Wäscheschrank oder in der Pulloverschublade auf. Ihre Sachen werden so gut riechen – wie Sie!

Parfümflaschen wieder verwenden

- Wenn Sie die Flaschen von Parfüm oder Kölnisch Wasser wieder verwenden wollen, füllen Sie sie mit Alkohol (50%) und lassen sie über Nacht stehen. Dann ausspülen und in Seifenwasser reinigen.
- Oder nehmen Sie Backpulver mit warmem Wasser. Auch über Nacht stehen lassen.

Die lieben Kleinen

Die besten Tips für den Kinderhaushalt

Die erste feste Nahrung

- Wenn Sie Ihr Baby mit neuer Nahrung vertraut machen wollen, bieten Sie ihm pro Woche nur *ein* neues Gericht an. Wenn es allergische Reaktionen zeigt, wissen Sie immer genau, welche neue Nahrung die Ursache war.
- Wollen Sie Ihrem Baby Reis füttern, dann ist es einfacher, ihn zusammen mit der Flaschenmilch im Mixer zu zerkleinern. Auf diese Weise wird der Reis mühelos durch den Sauger gehen. Wenn nicht, dann vergrößern Sie mit einer heißen Nadel das Loch ein wenig.
- Das Baby wird eine ihm noch unbekannte Speise am besten annehmen, wenn man es ihm zu Beginn des Fütterns reicht, wenn sein Hunger am größten ist.

Speisen durch den Wolf drehen

- Gekochtes Fleisch läßt sich für Babynahrung leichter durchdrehen, wenn Sie etwas Flüssigkeit dazugeben.

Füttern mit dem Löffel

- Während Sie das Baby mit dem Löffel füttern, geben Sie ihm zum Spielen auch einen in die Hand. Es wird nicht lange dauern, bis es Sie nachahmen wird und selber essen will.
- Kartoffelbrei ist ein guter Start, um das Essen mit dem Löffel zu üben, weil er nicht so leicht vom Löffel rutscht.

Das wichtige Lätzchen

- Wenn Sie einen Schwamm in die Tasche von Babys Kunststofflätzchen legen, wird die Tasche so weit aufgehalten, daß alle verschüttete Flüssigkeit dort aufgefangen wird.
- Mit einer Sicherheitsnadel können Sie das Lätzchen unten an der Babykleidung befestigen, dann verrutscht es nicht.

Stolz im Hochstuhl

- Nehmen Sie Handtücher, um Sitz und Lehne des Hochstuhles auszupolstern. Sie geben dem Kind noch zusätzlichen Halt beim Sitzen.

- Oder legen Sie ein dickes Schaumgummikissen auf den Sitz. Das Kissen saugt obendrein noch die vergossene Flüssigkeit auf, so daß sie nicht auf den Boden tropft.
- Oder legen Sie auf den Sitz eine kleine Gummimatte fürs Spülbecken.
- Legen Sie unter den Hochstuhl eine Lage aus alten Zeitungen statt einer Plastikfolie. Sie sparen das Abputzen der Folie, weil Sie die schmutzigen Zeitungen einfach wegwerfen können.

Weg mit der Flasche

- Wenn sich Ihr Kind weigert, aus der Tasse zu trinken, versuchen Sie folgendes: Nehmen Sie Sauger und Verschraubung von der Flasche, und sehen Sie, ob es so trinkt. Wenn ja, wird es wohl auch bald mit der Tasse klappen.
- Oder reichen Sie dem Baby sein Lieblingsgetränk in der Tasse und das, was es am wenigsten mag, in der Flasche. Es wird nicht lange dauern, bis es nur nach der Tasse verlangt.
- Kalkreste an der Babyflasche entfernt man durch Abkochen in einem Topf mit Wasser und einer Tasse Essig.

So wirst du groß und stark

Das Gemüse-Problem

- Wenn Ihr Kind nicht von sich aus nach rohen Karotten oder Selleriestangen fragt, dann vielleicht deshalb, weil es sie nicht ständig sieht und damit vertraut ist. Halten Sie also genügend geputztes Gemüse in handlichen Stücken in einem Glas mit kaltem Wasser (Schraubglas genügt) im Kühlschrank vorrätig. Alles bleibt frisch und knackig, und Sie können das gesunde Gemüse Ihrem Kind jederzeit anbieten.
- Oder spielen Sie ein Spiel mit den Kindern, und lösen Sie sämtliche Aufkleber von den Gemüsedosen. Stellen Sie sie in ein separates Fach, und lassen Sie die Kinder ihre eigene Beilage zum Mittagessen wählen! Sie werden aufregende Überraschungen erleben.

Gesundheitstrank servieren

- Halten Sie reinen Fruchtsaft in einem großen Krug mit einigen Pappbechern auf dem Küchentisch bereit, so daß die Kinder lieber den Saft trinken, als nach der Limonaden- oder Colaflasche zu greifen.
- Im Sommer empfiehlt sich eine große, vorgekühlte Thermosflasche für den obigen Tip.
- Oder mischen Sie Mineralwasser dazu, dann hält der Saft besser, und es bitzelt auch so wie Limonade.

Gleich wird alles wieder gut

Hilfe beim Zahnen

- Eine gefrorene Banane lindert den Schmerz, wenn Babys Zähnchen kommen.

Die bittere Medizin

- Lassen Sie Ihr Kind erst an einem Eiswürfel lutschen, bevor Sie ihm bittere Medizin geben. Die Geschmacksnerven werden auf diese Weise etwas betäubt, und so rutscht die Medizin leichter hinunter.

Schlechte Träume

- Wenn ein Kleinkind in der Nacht weint, weil es schlecht geträumt hat, trösten Sie es, und waschen Sie ihm das Gesicht mit einem feuchten, lauwarmen Lappen, damit es weiß, wo es ist. Es wird dann gleich wieder ruhig und fest weiterschlafen.

Klebstoff im Haar

- Geben Sie Waschmittel aus der Tube darauf, und reiben Sie den Kleber zwischen den Fingern. Dann auskämmen und das Haar waschen. Auf diese Weise brauchen Sie nicht mit der Schere zu Werk zu gehen.
- Bei Kontaktklebern (z. B. Uhu, Pattex, Fußbodenkleber o. ä.) hilft auch Nagellackentferner oder ein entsprechender Verdünner.

Das beliebte Pflaster

- Kinder gehen mit Pflastern oft so großzügig um, daß man es nicht für möglich hält. Dämmen Sie diese Verschwendung ein, indem Sie nur einige Streifen in der Schachtel belassen; der Rest wird weggelegt.
- »Zaubern« Sie alles Wehweh mit einem leuchtendbunten Pflaster weg, und die Tränen sind schnell getrocknet.

Sicherheit am Schwimmbecken

- Wenn Sie nicht ständig aufpassen können, ist es sicherer, das Schwimmbecken zu entleeren, damit es nicht zum Hineinspringen reizt.
- Zusätzlich noch abdecken, so daß das Kleinkind nicht hineinfallen kann.

Allzeit bereit!

- Spielen Sie mit den Kindern das Spiel »Was ist – wenn?«. Nennen Sie schwierige Situationen wie sich Verlaufen, im Kaufhaus Verlorengehen etc., und fragen Sie die Kinder, was sie in solchen Fällen tun würden. Ist die Antwort gut und richtig, loben Sie die Kinder. Wenn sie keinen Ausweg wissen, was zu tun ist, wäre jetzt der richtige Zeitpunkt, darüber zu sprechen – zu der Sicherheit Ihrer Kinder und zu Ihrem Seelenfrieden.

So wird's gemacht

Rechts oder links?

- Vergessen Ihre Kinder auch immer, wo rechts und wo links ist? Lassen Sie die Kinder auf beide Handrücken mit ausgestrecktem Daumen schauen. Die Hand, die ein »L« zwischen Daumen und Hand bildet, ist die linke.

Name und Adresse als Lied

- Versuchen Sie Namen, Adresse und Telefonnummer des Kindes in eine Melodie zu setzen (oder in Verse). Die Kinder werden diese wichtige Information als Lied leicht singen lernen und auch behalten.

Erste Schreibversuche

- Ein Vorschulkind kann auf folgende Weise seinen Namen schreiben lernen: Schreiben Sie jeden Buchstaben auf ein Stück Pappe, das Sie mit Klarsichtfolie abdecken. Das Kind hat nun eine schöne abwaschbare Vorlage, um darauf zu üben.

Strümpfe anziehen

- Ihr Kleinkind lernt das Strümpfeanziehen ohne Frustration, wenn Sie es Schlauchstrümpfe ohne ausgebildete Fersen anziehen lassen. So ist die Aktion immer erfolgreich.

Jacken und Mützen aufhängen

- Befestigen Sie gleich am Eingang Garderobenhaken in Augenhöhe für die Kinder, und beschriften Sie jeden Haken mit Namen oder besonderem Zeichen für das Kind. Sie werden sehen, wie es plötzlich geht.

Stillsitzen

- Ist Ihr Kind besonders lebhaft und windet sich beim Anziehen? Setzen Sie es in den Hochstuhl mit einem kleinen Spielzeug. Nun ist es sicher ein Leichtes, ihm Socken, Schuhe oder das Hemd anzuziehen.

Keine Tränen mehr beim Haarewaschen

- Reinigen Sie das Haar mit einem eingeseiften Lappen, und spülen Sie es mit einem frischen Lappen oder Schwamm aus.

Zähneputzen

- Wenn Sie nicht die Zeit haben, das Zähnebürsten der Kinder zu kontrollieren, besorgen Sie sich eine 3-Minuten-Eieruhr. Sagen Sie den Kindern, sie müßten solange bürsten, bis der Sand durchgelaufen sei. Kindern macht das Beobachten der Sanduhr Spaß, und sie werden mit dem Zähneputzen nicht schludern.

Laß das Badewasser ein

- Wenn größere Kinder schon ihr Badewasser selber einlaufen lassen dürfen, vermeiden Sie Unannehmlichkeiten, wenn Sie ein Abziehbild, einen bunten Punkt oder Streifen als Markierung für die erlaubte Füllhöhe in die Wanne kleben. Die Kinder wissen dann, wann sie das Wasser abstellen müssen.
- Drehen Sie nach dem Einlaufenlassen des Badewassers immer zuerst den Heißwasser- und dann erst den Kaltwasserhahn zu, bevor Sie Ihr kleines Kind in die Wanne setzen. Falls der Hahn tropfen sollte, könnte es sonst Finger- oder Zehenspitzen verbrühen.

Korb für die Badespielsachen

- Kaufen Sie einen Fahrradkorb aus Plastik, und befestigen Sie ihn an angeklebten Haken an der Täfelung. Durch die Löcher im Korb können die Spielsachen über Nacht abtropfen.

Druckknöpfe sind »in«

- Junge Mütter und Leute, die für das Baby ein Geschenk machen wollen, sollten bedenken, daß Hosen oder Strampelanzüge mit Druckknopfverschluß am sinnvollsten sind, denn sie erleichtern das Wechseln der Windeln erheblich.

Wiegen mit Baby

- Hier ein Rat, wie Sie ohne Babywaage das Gewicht Ihres Babys kontrollieren können: Steigen Sie zuerst allein auf die Personenwaage, dann mit Baby im Arm. Die Differenz zwischen beiden Ergebnissen ist das Gewicht des Babys.

Jeden Zentimeter im Schrank nutzen

- Bringen Sie Borde im unteren Schrankteil an für Unterwäsche oder Nachthemden, für Spiele oder Spielzeug.

Kein unnötiges Suchen mehr

- Wenn zwei Mädchen oder zwei Jungen sich einen Schrank teilen müssen, kennzeichnen Sie die Kleiderbügel mit verschiedenfarbigen Klebestreifen oder Bändern.
- Oder nehmen Sie für jedes Kind andersfarbige Bügel.

Babys Dank

- Machen Sie ein Photo vom Baby mit dem Kleidungsstück oder Spielzeug, das es geschenkt bekommen hat, und schikken Sie es dem Schenker mit einem Dankeschön.

Geschenkideen

- Eine tolle Verpackungsidee für ein Geburtstagsgeschenk für ein etwas größeres Kind: Ein Springseil mit einer Schleife um die Geschenkschachtel binden.
- Oder das Geschenkbuch zwischen zwei lustige Pappfiguren, die sich auf das Buch beziehen, kleben und einen »Hampelmann« daraus basteln.
- Oder aus dem Buntstift-, Malkreiden- oder Pinselgeschenk einen Indianerfederschmuck, einen Hahn oder vielleicht eine Schlange basteln.

Party-Malspaß

- Befestigen Sie einen großen Bogen Packpapier, die Rückseite einer Tapetenrolle oder ähnliches auf dem Fußboden, verteilen Sie Malstifte, und lassen Sie jedes Kind ein Bild darauf malen. Nach dem Fest kann man jedem Kind seinen ausgeschnittenen Teil des »Werkes« mit nach Hause geben oder das ganze Poster zur Erinnerung im Kinderzimmer aufhängen.

Die besten Spielzeugkisten

- Großmaschige Plastik-Wäschekörbe sind eine gute Idee. Die Kinder können sehen, was in den Körben drin ist, und außerdem ist darin viel Platz zum Verstauen von Spielzeug.
- Waschmitteltrommeln sind gut geeignet zum Aufbewahren von Bauklötzen, Legosteinen, Stofftieren u. a. Sie lassen sich leicht mit Dispersionsfarbe verschönern.

Transportable Spielzeugkiste

- Spannen Sie ein großes Einkaufsnetz zum Transport der Spielsachen oder auch Ihrer Einkäufe zwischen die Stangen und oben am Griff des Kinderwagens.

Farbbehälter

- Eine Styropor-Eierschachtel gibt einen vorzüglichen Behälter für dosierte Farbmengen ab, wenn junge Fingerfarbenmaler am Werk sind. Füllen Sie in jede Vertiefung eine andere Farbe, und wenn die Künstler genug haben und die Farben aufgebraucht sind, schließen Sie den Deckel und werfen die Schachtel weg.
- Als Farben dafür eignen sich auch Vollton-Dispersionsfarben. Sie sind preiswerter als Fingerfarben.

Gerollter »Malerpinsel«

- Nehmen Sie das Oberteil von einem Deodorant-Roller ab, reinigen Sie beide Teile gründlich, und füllen Sie die Flasche mit verdünnter Fingerfarbe, Tempera oder Vollton-Dispersionsfarbe. Dann setzen Sie den »Roller« wieder auf.

Briefkastengeheimnis

- Kinder bekommen leidenschaftlich gern Post. Bestellen Sie Kinderzeitschriften, und Sie werden dafür geliebt werden.

Hoppe-Hoppe Reiter

- Verwandeln Sie Ihren Besen in ein »Pferd«, indem Sie einen Socken ausstopfen, mit Mund und Augen bemalen, an einem Besenstiel befestigen – und los geht der Ritt!

Ordnung ist das halbe Leben

- Kleben Sie ein DIN A4-Couvert an den Innendeckel aller Spielschachteln, wo die dazugehörigen Spielregeln, die Spielblöcke und Bleistifte ihren Platz finden.

Auf zum Tischtennis!

- Bälle und Schläger immer zusammen in einer Plastiktüte oder in einem Netz aufbewahren, sonst geht jedesmal aufs neue die Suche nach den Bällen los.

Zu Veranstaltungen

- Es ist immer ratsam, wenn man zu Veranstaltungen wie Kino, Hallenspielen etc. einen Kindersitz mitnimmt, dann wird auch den Kleinen nichts entgehen, und sie sitzen still.
- Beim Verlassen eines Kinos, Sportstadions o. ä., wo viele Leute auf einmal dem Ausgang zustreben, wenden Sie sich nach links. Die meisten Menschen gehen automatisch rechts herum, so daß Sie auf der anderen Seite gegen weniger Leute ankämpfen müssen.

Ins Restaurant

- Fragen Sie doch die Bedienung, ob der Kinderteller nicht einige Minuten vor Ihrem Essen serviert werden könnte, damit Sie in Ruhe das Fleisch schneiden, die Kartoffeln zerdrükken und das Kind fürs Essen herrichten können. Dann können auch Sie Ihr (noch warmes) Essen genießen.
- Belasten Sie sich nicht mit einem Lätzchen für das Kind. Nehmen Sie zwei Wäscheklammern mit, und befestigen Sie damit die Serviette am Hemd oder am Pullover.

Bei Freunden

- Sind Sie mit Ihrem sehr kleinen Kind bei Freunden zu Besuch, schützen Sie deren Betten, wenn Baby dort zum Schlafen hingelegt werden soll, mit einer doppelten Lage Alu-Folie, die Sie unter ein Handtuch oder ein Laken legen. Die Folie hält das Bett trocken und das Kind schön warm.

Und auf dem Weg

- Wenn Ihre Kinder öffentliche Verkehrsmittel benützen und keine Dauerfahrkarte haben, legen Sie gleich an der Wohnungstür mehrere Päckchen mit dem abgezählten Fahrgeld bereit. Die Kinder brauchen nur ein Päckchen einzustecken und werden nicht als Schwarzfahrer erwischt.

Reinlichkeit ist eine Zier...

Die besten Reinigungstips
für den Haushalt

Aufbewahren

- Bewahren Sie benutzte Stahlwollkissen in kleinen Blumentöpfen aus Ton auf. Der Ton saugt die Feuchtigkeit auf und verhindert das Rosten.
- Alte ausgediente Flaschenregale eignen sich bestens, um dort Reinigungsmittel aufzubewahren. Lediglich die Deckel beschriften und an einem sicheren Platz aufstellen.

Backofen

- Eine leichte Art, das Backrohr zu reinigen, ist folgende: Füllen Sie eine Sprühflasche mit einer halben Tasse Salmiakgeist. Auf Backofenwände und -boden sprühen, Tür schließen und warten, bis die Schmutzschicht gelöst ist, dann auswischen. Die Hände werden mit Salmiakgeist nicht in Berührung kommen, wenn Sie danach beim Sauberwischen Gummihandschuhe tragen.
- Nach der Reinigung mit einem handelsüblichen Reiniger, bekommen Sie alle noch verbleibenden Fettreste mit einer Paste aus Natron und Wasser weg. Auf Wände und Boden auftragen, kurze Zeit warten und dann sauberwischen.
- Um den unangenehmen Geruch nach der Reinigung aus dem Ofen zu bekommen, legen Sie einige ungespritzte Orangenschalen auf den Gitterrost, und »rösten« Sie sie kurze Zeit bei Mittelhitze (etwa 170°).

Besen

- Zur Reinigung nehmen Sie einen grobzinkigen Kamm und fahren damit durch die Besen-Haare.
- Von Zeit zu Zeit mit einer milden Seifenlauge auswaschen, mit dem Wischtuch abtrocknen und zum Trocknen in die Wärme hängen, nicht stellen!

Bücher

- Trockene fettfreie Flecken auf Buchseiten kann man mit *sehr* sanftem Reiben mit feinstem Schmirgelpapier wegbekommen.

- Wenn ein Buch feucht geworden ist, versuchen Sie folgendes: Seiten abtupfen und beidseitig Papiertücher dazwischen legen, daß nichts verknittert. Buch schließen, mit einigen gewichtigen Büchern beschweren und über Nacht trocknen lassen.

Chrom
- Nagellackentferner eignet sich gut zum Reinigen von Chromteilen – besonders am Herd. Vorher Strom und Gas abdrehen! Nachher gut mit Wasser nachspülen.

Fenster
- Aufkleber und Abziehbilder an der Fensterscheibe mit warmem Wasser aufweichen, abkratzen soweit es geht und den klebenden Rest mit Nagellackentferner beseitigen.

Gummihandschuhe
- Bevor Sie neue Handschuhe benutzen, wenden Sie sie, und tragen Sie etwas Nagellack auf die Fingerspitzen der Handschuhe auf, dann werden Ihre Fingernägel nicht so schnell Löcher durchbohren.
- Wenn doch schon kleine Löcher drin sind, von innen mit wasserfestem Klebestreifen abdichten. Das hilft, und es müssen keine neuen Handschuhe her.
- Wenn keine Gummihandschuhe zur Hand sind, behelfen Sie sich mit Plastiktüten, die Sie mit Gummibändern am Handgelenk befestigen. Gute Idee für einen Putz in letzter Minute.

Holz
- Farbflecken auf behandelten Holzflächen lassen sich leicht mit einem mit flüssigem Selbstglanzwachs getränkten Tuch wegreiben.
- Oder mit feinster Stahlwolle und flüssigem Bohnerwachs vorsichtig abreiben.

Holzkohlengrill
- Feilen Sie eine Kerbe vorne in einen Flaschenöffner, und kratzen Sie damit die Stäbe des Grillrostes sauber.

Kamin-Schutzschild

- Erst den Staub absaugen, dann mit Schwamm und Seifenwasser abreiben. Nach dem Trocknen mit Selbstglanz-Bohnerwachs einreiben.

Kunststoffböden

- Für Glanz auf einem nicht zu wachsenden Boden sorgt Seifenwasser mit einer Tasse Vollwaschmittel. Einfach aufwischen.

Leuchtstoffröhren

- Hier eine einfache, sichere Methode, ausgediente Leuchtstoffröhren zu beseitigen: Wickeln Sie die Röhren in mehrere Lagen Zeitungspapier, und kleben Sie Kreppband darum. Schlagen Sie leicht dagegen, so daß das Glas zerbricht, und werfen Sie das ganze Paket in die Tonne.

Mauerwerk

- Geben Sie etwas Gebißreinigungscreme auf eine feuchte Zahnbürste, und schrubben Sie die Fugen, damit sie wieder weiß werden. Mit feuchtem Tuch nachwischen.
- Tragen Sie Essigessenz unverdünnt auf einer nassen Bürste auf die schon befeuchtete Stelle, und reiben Sie auf den Steinen verbliebene Mörtelreste kräftig ab. Äußerst sorgfältig nachwaschen!
- Oder nehmen Sie Ameisensäure (in der Apotheke erhältlich), und verfahren Sie wie vorher beschrieben. Ziehen Sie aber dabei Gummihandschuhe an!

Messer

- Haben Sie ein gutes aber rostiges Messer, das Sie nicht missen wollen? Streuen Sie Scheuerpulver auf einen leicht angefeuchteten Korken, und reiben Sie die Klinge kräftig damit ab. Danach wird alles wieder glänzen.

Messing

- Tragen Sie eine dünne Schicht Glasreiniger mit einem weichen Tuch auf, trocknen lassen, dann leicht polieren. Das Messingstück wird über Monate nicht anlaufen.

Mülltonne

- Legen Sie den Verschluß oder die Schnur zum Verschließen des Müllsackes unten in den Mülleimer, bevor Sie den Sack hineingeben. Dann müssen Sie ihn nachher nicht suchen.
- Papier-Mülltüten reißen an der Seite nicht auf, wenn man den Rand vorher zweimal etwa 5 cm breit umkrempelt. Die Tüten stehen dann auch besser beim Einfüllen des Mülls.
- Das Skateboard Ihres Kindes eignet sich gut, um die Tonnen am Mülltag zur Straße zu befördern.

Oberflächen, schwarz lackiert

- Wischen Sie mit einem weichen Tuch und sehr starkem, schwarzen Teeaufguß die Fläche ab, und reiben Sie sie trokken, bis sie glänzt.

Porzellan

- Um Nikotinflecken von gutem Porzellan zu entfernen, reibt man den Flecken mit einem in Natron angefeuchteten Korken oder weichen Tuch ab.

Silber

- Alte Puderquasten, gewaschen und im Trockner getrocknet, sind großartig fürs Silberputzen.

Spinnweben

- Spinnweben immer mit einer Aufwärtsbewegung abfegen. Wischt man sie herunter, bleiben sie an der Wand kleben.

Spültisch-Abtropffläche

- Entfernen Sie Kalkflecken von der Abtropffläche auf dem Spülbecken, indem Sie das untere Ende etwas hochheben, und eine Tasse Essig oder wegen des höheren Säuregehaltes noch besser Essigessenz darauf gießen und über Nacht einwirken lassen. Mit einem Schwamm am Morgen abreiben, und der Kalk ist verschwunden!

Staubsaugen

- Reiben Sie die Verbindungsteile der Verlängerungsrohre mit

Vaseline oder Haushaltsöl ein, dann lassen sie sich leichter auseinanderdrehen.

- Wenn sich die Schnur immer wieder von alleine zurückspult, ohne daß Sie das möchten, so klemmen Sie in der gewünschten Länge eine Wäscheklammer auf die Schnur.
- Den Stoffbeutel eines Staubsaugers können Sie mit einem aufbügelbaren Flicken wieder in Ordnung bringen und brauchen – noch – keinen neuen zu kaufen.

Staubwischen

- Nehmen Sie einen Spielzeug-Staubwedel, um an schlecht zu erreichende Stellen, wie z. B. über der Tür, zwischen Heizkörperrippen oder auf Paneelen Staub zu wischen.
- Oder befestigen Sie mit einem Gummiband einen alten Socken an einem Meterstab bzw. Zollstock, um Spinnweben von der Decke herunterzuholen.
- Ein etwa 10 cm breiter Malerpinsel eignet sich gut dazu, die Falten am Lampenschirm oder auch die Fensterbänke abzustauben.
- Sprühen Sie etwas Möbelpolitur auf die Besenhaare, dann lassen sich Schmutz und Staub besser und leichter zusammenfegen.
- Wischen Sie die Jalousetten oder vertikale Sonnenblenden mit einem mit etwas Weichspülmittel angefeuchteten Tuch ab, damit sie nicht statisch aufgeladen werden und somit sofort wieder den Staub anziehen. Der gleiche Tip gilt für die Fernsehröhre.

Teppichfransen

- Damit die Fransen nicht vom Staubsauger erfaßt werden können und dann ausreißen, bürsten Sie sie vor dem Saugen unter den Teppich.

Tischtücher

- Fleckige Tischtücher und Servietten ins Waschbecken mit warmem Wasser legen und eine halbe Tasse Wasserenthärter (z. B. Calgon oder Kalkfrei) dazutun. Bis zum Morgen ziehen lassen. Meistens sind dann die Flecken verschwunden.

Toilette

- Für eine schnelle Reinigung werfen Sie eine Tablette Gebißreiniger in die Schüssel.
- Oder nehmen Sie Natron.
- Manchmal entsteht am Wasserbehälter soviel Kondenzfeuchtigkeit, daß sich Wasserlachen am Boden bilden. Wenn Sie den Kasten trocken wischen und dann mit Bohnerwachs einreiben, passiert das nicht mehr.

Türen

- Ist Ihr Kind ganz wild versessen darauf, überall Aufkleber hinzukleben? Lassen Sie ihm doch den Spaß! Bringen Sie aber vorher auf Türblatt oder Wand ein großes Stück Klarsichtfolie an. Von dort lassen sich die Aufkleber, wenn das Kind sich daran satt gesehen hat, mühelos entfernen, ohne scheußliche Klebereste zu hinterlassen.

Vasen

- Gießen Sie schwarze Teeblätter mit warmem Wasser auf, füllen Sie alles in die verschmutzte Vase, und halten Sie entweder die Hand auf die Öffnung und schütteln Sie kräftig, oder schwenken Sie die Vase. Mit kaltem Wasser nachspülen.

Wände

- Schneiden Sie die Spitze von einem alten Socken ab, rollen Sie ihn auf, und stülpen Sie ihn über Ihr Handgelenk. Wenn Sie Wände, Holzteile oder Decken abwaschen, werden die herablaufenden Tropfen dort aufgefangen.

Waschbecken und Badewannen

- Kalkablagerungen: Nehmen Sie jene feinkörnigen Bimssteine, die zum Reinigen von Schwimmbädern benutzt werden. Im Fachhandel für Schwimmbadzubehör zu bekommen.
- Für besonders schmutzige Badewannen mischt man heißes Wasser mit Spülmaschinenreiniger, läßt 20 Minuten einwirken, bürstet die Wanne und spült mit klarem Wasser gründlich nach.
- Es bilden sich keine Schmutzränder an der Badewanne, wenn

Sie zwei Hände voll Salz, am besten Meersalz, ins Badewasser schütten.

- Um Schmutzablagerungen und Kratzer von Waschbecken und Badewannen zu säubern, ist nichts besser als eine alte Zahnbürste.

Warmluftheizung

- Bei einer Warmluftheizung sollten Sie möglichst vor Beginn der Heizperiode die Luftklappe – und ihre Umgebung – mit dem Sauger absaugen, sonst erschlägt Sie eine Staubwolke!

Kleider machen Leute

Die besten Tips für die Garderobe

Ausverkauf

- Die besten Einkaufstage sind die ersten und die letzten des Ausverkaufs. Zu Anfang ist mehr Auswahl, und zum Schluß sind die Preise meistens noch einmal reduziert.

Preiswerte Freizeitkleidung

- Schauen Sie auch in Läden rein, die auf Arbeitskleidung spezialisiert sind und nicht nur in die teureren Sportgeschäfte.

Das hält die Einkäufe zusammen

- Wenn Sie beabsichtigen, sehr viele Dinge einzukaufen, legen Sie einen großen Müllsack ins Auto, um alle Pakete zusammenzuhalten. Sie rutschen dann nicht bei jedem heftigeren Stopp vom Rücksitz.

Einkauf von Regenschirmen

- Halten Sie den Schirm aufgespannt gegen das Licht. Wenn man hindurchsehen kann, wird er vermutlich beim nächsten Wolkenbruch Feuchtigkeit durchlassen.
- Zählen Sie die Befestigungen an jeder Strebe. Zwei oder drei Befestigungen lassen auf eine bessere Qualität schließen, als wenn es nur eine ist. Und außerdem: Je größer die Zahl der Streben, desto besser und stabiler der Schirm.
- Ein Regenschirm ohne automatischen Öffnerknopf ist robuster und sturmsicherer als ein »automatischer«.
- Bevor Sie einen alten Schirm wegwerfen, nehmen Sie die kleinen Metallhülsen vorn von den Streben ab, und benutzen Sie sie zum Reparieren anderer Schirme, denen diese Hülsen fehlen.

Brautkleid – das Kleid der Kleider

- Schauen Sie in den Gelben Seiten oder im Annonceteil der Zeitungen nach Großhandelsgeschäften, Second-Hand-Läden oder nach Vorführmodellen, bevor Sie ein neues, teures Kleid kaufen. Vergessen Sie auch nicht die Leihhäuser! Die Kosten können sich um 40 bis 80% für das Kleid verringern.

- Informieren Sie sich im Laden nach den verschiedenen Modellen, und merken Sie sich die Herstellerfirmen. Ist einer davon am Ort ansässig, rufen Sie dort doch an, ob nicht ein Direktkauf bei der Firma möglich ist. Man kann dabei zwischen 20 und 30% einsparen!

Strumpffarbe
- Testen Sie so die Farbe der Strümpfe oder Strumpfhosen vor dem Kauf: Ziehen Sie den Probestrumpf über den Unterarm, und testen Sie an seiner Innenfläche, ob die Farbe geeignet erscheint. Nicht am Handrücken testen, denn die blasse Armfläche wird mehr der Beinfarbe entsprechen als der Handrükken.

Von Kopf bis Fuß

Behalten Sie den Hut nur auf!
- Rutscht Ihnen der Hut leicht vom Kopf? Nähen Sie kleine Staubkämme ans Schweißband, und das Problem ist gelöst.

Hut sitzt gut
- Bei einem Hut für alle Kopfgrößen, der Ihnen zu groß ist, können Sie sich folgendermaßen behelfen: Messen Sie ein Gummiband mit Ihrem Kopfumfang ab, nähen Sie es zusammen und schieben Sie es unter das Hutband, wo es unsichtbar bleibt.

Haarschleifen stärken
- Nach dem Waschen und Spülen die Schleifen in eine Tasse mit Zuckerwasser tauchen (1 Teelöffel Zucker auf 1 Tasse warmes Wasser), im Handtuch ausdrücken und noch feucht bügeln. Das Band ist dann wieder fast wie neu.
- Zerknitterte Haarschleifen lassen sich gut über einer warmen Glühbirne »aufbügeln«. Besonders gut für Samtschleifen!

Schleifen und Schlipse trocknen
- Wickeln Sie Schleifen und Schlipse nach dem Waschen fest

um ein weitrandiges Glasgefäß zum Trocknen. Sie werden hübsch und weich danach.

Samt reinigt Samt

- Die beste Samtbürste besteht aus einem anderen Stück Samt, mit dem man das zu reinigende Kleidungsstück gegen den Strich abreibt.

So säubern Sie schwarze Spitze

- Tränken Sie einen Schwamm mit kaltem Schwarzen Tee, und feuchten Sie damit die Spitze an – nicht darin einweichen! Ein Stück braunes Papier darüberlegen und mit warmem Eisen bügeln.

Nie mehr einen Schal verlieren

- Sie brauchen nur einen Aufhänger unterhalb des Armloches annähen und da den Schal nach dem Ausziehen hindurchziehen. Wenn Sie ständig ihre Schals verlieren, so ist dies ein Tip für Sie.

Wasserflecken in Seidenkrawatten

- Reiben Sie die befleckte Stelle im trockenen Zustand mit einer anderen Stelle der Krawatte, und der Fleck verschwindet.

Den Durchblick haben

- Bei einer durchsichtigen Bluse sollten Sie möglichst einen fleischfarbenen Büstenhalter tragen und nicht einen in Farbe der Bluse.

Büstenhalter vergrößern

- Ist die Kasse knapp und der Büstenhalter ebenfalls (weil Sie vielleicht zugenommen haben, schwanger geworden oder gewachsen sind), kaufen Sie ein Zwischenstück zur Vergrößerung im Kurzwarenladen.

Wenn der Reißverschluß klemmt

- Mit Seife einreiben, und schon läuft er wieder wie geschmiert.

Metallknöpfe putzen

- So können Sie Metallknöpfe putzen, ohne sie vorher vom Kleidungsstück abtrennen zu müssen: Schieben Sie eine Gabel mit langen Zinken zwischen Knopf und Stoff und putzen sie dann die Knöpfe.
- Oder legen Sie ein Tuch um den Knopfstiel, halten es zwischen Daumen und Zeigefinger fest, und putzen Sie so den Knopf.

Verfärbte Hemdenknöpfe

- Ein Stück Plastikfolie hinter den Kopf legen und ihn mit einem Radiergummi abreiben.

Holzknöpfe schützen

- Holzknöpfe verwerfen sich oder platzen auf, wenn man sie mitwäscht. Entweder trennt man sie vor dem Waschen ab oder gibt das Kleidungsstück in die Reinigung.
- Oder man wickelt zuerst ein Stück Klarsichtfolie und zusätzlich ein Stück Alu-Folie fest und sorgfältig um den Knopf und wäscht das Kleidungsstück sehr flott mit der Hand in mildem, lauwarmen Seifenwasser. Dann kann nichts passieren.

Abendkleiderschutz

- Ist das Wetter abscheulich, Ihr langes Kleid aber Ihr Allerbestes, so schützen Sie es wie folgt: Schneiden Sie in einen großen Müllsack zwei Löcher für die Beine, steigen Sie hinein, und binden Sie den Sack in der Taille fest. Sie werden auf dem Weg vielleicht etwas merkwürdig aussehen, aber Ihr Kleid wird auf dem Fest in vollem Glanz erstrahlen.

Abendkleidersatz

- Tragen Sie ein langes, hellfarbenes Nachthemd mit dünnen Trägern! Mit einem hübschen Gürtel aufgeputzt, kann das sehr gut aussehen.
- Haftet der Kunstfaser-Unterrock wegen seiner elektrischen Aufladung an Ihren Beinen, drehen Sie das Innere nach außen, und das Problem ist gelöst.

Tips zum Färben

- Zum gleichmäßigen Färben geben Sie einen Wasserenthärter ins Farbbad.
- Binden Sie das Farbpulver in ein dünnes Baumwolltuch, und gießen Sie kochendes Wasser darüber, bis alle Farbe gelöst ist. Das verhindert das Klumpen der Farbe und durch ungelöste Farbpartikel verursachte Flecken.

Bügelfalte erneuern

- Um die Bügelfalte in waschbaren Strickhosen zu erneuern, tauchen Sie ein Tuch in Essigwasser (1/3 Essig und 2/3 Wasser), drücken es aus und bügeln mehrmals mit heißem Eisen darüber.

Schweißränder verhindern

- Sprühen Sie das Kleidungsstück außen und innen mit einem Imprägnierspray ein, bevor Sie es tragen, und es werden keine unansehnlichen Ränder mehr erscheinen.

Pullover mit Strümpfen schützen

- Sind die Ellenbogen Ihres Pullovers schon recht dünn und fadenscheinig, nähen Sie von innen ein Stück von einem Seidenstrumpf bzw. von der Strumpfhose hinein. Der Flicken ist weich und dehnbar, von außen nicht zu sehen, aber stabil.
- Neue gute Stricksachen sollte man sogleich zu Anfang an anfälligen Stellen schützen. Man hat viel länger Freude an dem guten Stück!

Ausgeleierte Pullis

- Wenn die Bündchen an den Ärmeln und am unteren Pulloverrand ausgeleiert sind, steckt man sie kurz in sehr heißes Wasser – nur sie und nicht den ganzen Pullover! Sie werden zu ihrer normalen Form zusammenschrumpfen.

Weiße Pullis aufhellen

- Dies ist nicht immer narrensicher, aber es lohnt sich folgender Versuch: Nach dem Waschen den vergilbten Pulli einfrieren. Eine Stunde sollte reichen. Herausnehmen, auftauen lassen und wie üblich trocknen.

Lederhandschuhe waschen

- Nehmen Sie zum Waschen ein Haarshampoo mit Lanolin. Das erhält dem Leder die natürlichen Fette.

So bleiben die Handschuhe in Form

- Legen Sie in jeden Finger eines gewaschenen Wollhandschuhs eine von den altmodischen hölzernen Wäscheklammern.

Weiße Handschuhe wie neu

- Ein bißchen flüssige Stärke mit ins letzte Spülwasser geben, und die Handschuhe sehen wieder wie neu aus. Außerdem sind sie dann schmutzabweisender.

Fingerhandschuh kontra Fäustling

- Die Finger bleiben wärmer im Faust- als im Fingerhandschuh. Die entstandene warme Luft verbleibt im Fausthandschuh und kann um den Finger zirkulieren, während sie bei den anliegenden Fingerhandschuhen – durch die größere Abkühlfläche – nach draußen abgegeben wird.

Leder vom Schimmel befreien

- Das Leder mit einer Lösung aus Alkohol und Wasser (1:1) und einem weichen Tuch abreiben und an einem luftigen Ort trocknen lassen. Das gilt für Taschen und Schuhe gleichermaßen.

Wetterfeste Strohhandtaschen

- Strohhandtaschen sollten leicht mit einem Imprägnierspray besprüht werden, um sie wasser- und auch schutzabweisend zu machen. Gut trocknen lassen, bevor sie benutzt werden.

Immer frische Strumpfhosen

- Wenn Sie Strumpfhosen jeden Abend auswaschen und in ein Handtuch wickeln, haben sie jeden Morgen frische Strümpfe, und Sie bekommen keine Schweißfüße.

Strumpfhosen mit und ohne Laufmaschen

- Schneiden Sie die Herstelleretiketten von jenen Strumpfhosen ab, die Laufmaschen haben, und lassen Sie sie bei den intakten Paaren dran, dann wissen Sie immer, welche Strumpfhosen Sie noch zum Kleid oder Rock und welche Sie versteckt unter die langen Hosen anziehen können – ohne alle nachsehen zu müssen.

Alte Strumpfhosen sind auch was wert

- Zerschnittene Strumpfhosen lassen sich zum Auspolstern und als Kissenfüllung verwenden.
- Oder umwickeln Sie Draht-Kleiderbügel damit, dann rutschen die aufgehängten Sachen nicht mehr so leicht herunter.
- Den Hosenteil und die Füße abschneiden und Gipsverbände am Arm oder Bein damit überziehen, damit das Anziehen leichter ist.
- Eine alte Gummi-Wärmflasche damit ausstopfen und sie dann bei Teppich- oder Bodenreinigung als Kniepolster verwenden.
- Den Fuß einer Strumpfhose mit trockener Katzennahrung füllen und der Katze zum genußvollen Spielen geben.
- Umwickeln Sie ein Paket mit den abgeschnittenen Beinen einer Strumpfhose, wenn Ihnen die Schnur ausgegangen ist.
- Blumenzwiebeln darin aufbewahren und an einen trockenen Platz hängen.
- Als Seier oder Fanggitter beim Laubfang am Schwimmbekken benutzen.
- Als Filter bei alter Lackfarbe verwenden, um sie klumpenfrei in ein sauberes Gefäß umzufüllen.

Warme Füße

- Modische, hochhackige Stiefel sind oft so eng, daß keine Socken mehr hineinpassen. Wenn es mal richtig kalt wird, ziehen Sie dünne Fußlinge – wie man sie im Sommer trägt – über die Strumpfhose, denn die tragen nicht auf und wärmen doch.

Wohin mit den nassen Stiefeln?

- Besorgen Sie sich doch in einem Blumengeschäft oder im

Garten-Center flache Plastik-Pflanzschalen, und stellen Sie sie gleich am Hauseingang für die Stiefel bereit. So bleibt der Boden sauber, und die Schalen sind leicht abzuwischen.

Saubere Schuhbänder

- Tupfen Sie auf jede Schuhöse etwas farblosen Nagellack, dann verfärben sich die Schuhbänder – besonders bei weißen Schuhen – nicht.

Aufknüpfen von schmutzigen und nassen Schuhsenkeln

- Nehmen Sie eine feine Häkelnadel zu Hilfe.

Sanftes Trocknen von Stoffschuhen

- Nach dem Waschen einen glatten Stein in die Schuhspitzen schieben, dann behalten die Schuhe ihre Form, und die Spitzen werden nicht aufgebogen und laufen nicht ein.
- Stopfen Sie naßgewordene – oder frisch gewaschene – Schuhe mit zerknülltem Zellstoff, einer Papierwindel oder Zeitungspapier aus, und drücken Sie den Schuh in Form. Öfter auswechseln, wenn es eilt!

Weiße Schuhe bleiben weiß

- Wenn Sie nach dem Putzen die Schuhe mit Wachspapier oder farblosem Wachs abreiben, lassen sich spätere Verschmutzungen leicht mit einem feuchten Papiertuch abwischen.

Schuhdeodorant selbst gemacht

- Schneiden Sie einen alten Socken an der Hacke in zwei Teile. Das offene Ende des oberen Teils zubinden oder nähen und beide Beutel mit 1/8 Tasse Natron füllen und zubinden. Jeden Schuh mit einem Beutel versehen, damit der Fußgeruch aufgesogen wird und die Schränke gut riechen.

Gut für die Sohle

- Neue Schuhe mit Ledersohlen sind weniger rutschig, wenn die Sohlen mit Scheuersand aufgerauht werden.
- Oder man rauht die Sohle auf sandigen Gartenplatten etwas an, um auf Teppich und Parkett dann sicherer zu gehen.

Wohin mit den Handtaschen?

- Baumwollene Flanellbeutel eignen sich gut zum Aufbewahren von ledernen Handtaschen; nehmen Sie aber keine Plastikhüllen! Der Kunststoff verhindert die Luftzirkulation und läßt das Leder hart und brüchig werden. Stopfen Sie in die Tasche zerknülltes Papier, damit sie ihre Form behält.
- Oder nehmen Sie alte Kopfkissenbezüge.

Pappkarton als Lagerplatz

- Wenn Sie Kleidung im Pappkarton aufbewahren wollen und in einem Klima mit hoher Luftfeuchtigkeit leben (oder der Platz z. B. im Keller ist nicht sehr trocken), dann besprühen Sie den Karton innen vorher mit einer dünnen Schicht Schellack. Legen Sie dann die Kleider gut verpackt in Plastiktüten hinein, verkleben Sie den Karton mit Klebebändern, und die Feuchtigkeit wird Ihren Sachen keinen Schaden zufügen.

Als Erinnerung

- Verwahren Sie Babys kostbares Taufkleid in einer luftdichten Plastikhülle, und legen Sie es in einer Schachtel zur Seite. Es bleibt dann wie neu für Babys Baby.

Ein Überzug

- Wenn mehrere Bügel mit Kleidungsstücken zusammen weggehängt werden sollen, schieben Sie sie auf der Stange eng zusammen, und ziehen Sie ein großes, altes Herrenhemd als Staubschutz darüber.

Hausgemachte Duftkissen

- Ein gewürzter Teeaufgußbeutel gibt ein gutes Duftkissen ab. In ein Stück Nylonnetz wickeln und an die Kleiderstange hängen.
- Frische Blätter vom Walnußbaum, Stengel vom Lavendelstrauch, frischer Waldmeister oder Tabak duften gut, wenn sie im Schrank aufgehängt werden. Sie sind außerdem noch ein natürlicher Mottenschutz!

Zusätzliche Borde

- Nutzen Sie den oft großen Raum über dem obersten Bord im Schrank und fügen ein weiteres Bord hinzu, um besser die Übersicht zu behalten.

Ordentliche Schränke

- Wenn Sie eine hölzerne Kleiderstange haben, schnitzen oder sägen Sie Nuten im Abstand von etwa 3 cm hinein. Die Vertiefungen halten die Bügel auf Abstand, und die Kleider verknittern nicht.

Bügel fürs Schwergewicht

- Haben Sie nicht genug kräftige Bügel für die schweren Wintersachen? Wickeln Sie zwei Drahtbügel fest mit einer Schnur oder mit Klebeband zusammen, und fertig ist der stabile Bügel!

Ausgeleierte Hosenbügel

- Wickeln Sie rechts und links um die Enden Gummibänder.
- Oder kleben Sie einen Streifen Schaumgummi oder auch einen Streifen vom Velourteppichrest mit Schaumrücken an beide Innenflächen des Bügels.

Und zum Schluß

Flohmarkt

- Wenn man mit jemandem den Standplatz teilt, sollte jeder seine Dinge mit andersfarbigen Preisschildern versehen. Nach »Ladenschluß« wird nach den farbigen Schildchen abgerechnet, und keiner hat das Nachsehen.

In die Tüte damit

- Anstatt viele kleine Dinge einzeln zu verkaufen, kann man sie auch in durchsichtige Plastiktüten füllen und als »Nähkram«, »Für die Küche« oder »Werkzeug« etc. verkaufen.

Hängen nicht legen

- Kleider sollte man aufhängen, dann lassen sie sich besser verkaufen. Wenn Sie keinen transportablen Kleiderständer zur Verfügung haben, nehmen Sie eine Leiter, die Sie auf jeder Seite auf einen Gegenstand auflegen. Die Kleider dürfen nicht zu tief hängen, damit sie nicht am Boden schleifen, aber auch nicht zu hoch, damit jeder Interessent auch heranreichen kann.

Das Küchenparadies

Die besten Tips für Küche und Herd

A für appetitanregend

Keine Zeit für große Umstände

- Frische Champignonköpfe mit Streichkäse füllen.
- Artischockenböden aus der Dose mit geschmolzener Butter bestreichen und mit Parmesan bestreuen. Einige Sekunden unter den Grill legen, bis der Käse geschmolzen ist.
- Geräucherte Austern – es gehen auch Aal oder Forellenfilets – mit Zitronenecken garnieren und auf gebutterten Toaststreifen servieren.
- Einen »Dip« aus einem großen Becher Naturjoghurt mit 2 Eßlöffeln Mayonnaise, frisch gewiegten Kräutern, Salz und Pfeffer anrühren. Dazu frische Gemüsestücke wie Paprika- und Gurkenstreifen, Stangensellerie oder junge Karotten anbieten.
- Ein Glas mit gefüllten Weinblättern öffnen, die Rollen mit Zitronensaft beträufeln und mit bunten Zahnstochern versehen.

Aus dem Tiefkühlfach

- Tiefgefrorene Tortellinis mit Käse- oder Fleischfüllung auftauen und nach Vorschrift kochen. Mit leichter Knoblauchsauce übergießen, mit Parmesan bestreuen und mit Zahnstochern servieren.
- Eine Schachtel Sahnespinat auftauen, mit dem Löffel in große frische Champignonköpfe füllen, so daß nichts überläuft, und bei ca. 180° etwa 15 Minuten backen. Das Rezept ergibt etwa 24 Stück.

Gebackenes

Kekse

- Um den Teig nach dem Ausstechen mit Förmchen nicht ständig neu ausrollen zu müssen, schneiden Sie die einmal gewalzte Teigplatte von ca. 1 cm Dicke mit einem bemehlten Messer oder Rädchen in entsprechend kleine Quadrate oder Rechtecke. Die Kekse werden mürber und feiner als mit der Ausstechmethode, denn beim Ausrollen des Teiges wird immer wieder zusätzliches Mehl hineingearbeitet.

- Oder nehmen Sie Puderzucker zum »Bemehlen« des Backbrettes, wenn Sie doch ausgestochene Plätzchen machen wollen, und lassen dafür etwas Zucker bei der Teigzubereitung weg.

Kuchen oder Brot – nicht krümelnd

- Frischer Kuchen und selbstgebackenes Brot sollten etwa 24 Stunden ruhen, bevor sie mit einem scharfen, dünnwandigen Messer leicht sägend geschnitten werden. Nicht das Messer nur hinunterdrücken!
- Wenn Sie es nicht erwarten können, dann lassen Sie sie zumindest gut auskühlen!

Knuspriges Zwieback-Brot

- Die Scheiben eines vorgeschnittenen Weiß-, Roggen- oder Weizenbrotes halbieren, auf den Gitterrost oder ein Backblech legen und bei ca. 100° etwa eine halbe Stunde backen. Öfter wenden, damit die Scheiben gleichmäßig trocknen. Das Zwieback-Brot ist fertig, wenn die Scheiben rundherum schön braun und gänzlich trocken sind. Auskühlen lassen und im Plastikbrotbeutel zum Frischhalten aufbewahren.

Ein Honigschlecken

- Honig ist wertvoller als Fabrikzucker, denn er entzieht dem Körper keine B-Vitamine und keinen Kalk.
- Mit Honig braucht man nur die Hälfte der im Rezept angegebenen Zuckermenge. Vergessen Sie nicht, auch die Flüssigkeitsmenge um etwa ein Viertel zu reduzieren.
- Leicht mißt man zuviel Honig mit dem Löffel ab, weil nach dem Eintauchen auch an der Unterseite Honig kleben bleibt. Man sollte daher den Honig lieber in den Löffel hineingießen. Den Honigfluß am Gefäßrand dann sauber »abschneiden«.
- Jeder Kuchen, den man ersatzweise mit Honig bäckt, braucht etwas weniger Backtemperatur als mit Zucker.

Fertiggekaufte Kuchenmischungen verbessern

- Geben Sie einen Teelöffel Butter, abgeriebene Zitronenschale, Eigelb, evtl. Nüsse zu dem Fertig-Mix-Teig, damit der Kuchen noch besser schmeckt.

Keine »Löcher« im Biskuitteig

- Gehen Sie in der Kuchenform mit einer Gabel in spiraligen Bewegungen noch einmal durch die Teigmasse, und drücken Sie den Teig gegen die Form, dann entstehen keine Hohlräume, also keine »Löcher« im Biskuitkuchen.

Ex und Hopp-Kuchenteller

- Legen Sie eine Alufolie über eine alte Langspielplattenhülle oder ein Stück Karton – und fertig ist der Kuchenteller, wenn Sie Gebackenes zu einer Party mitnehmen und die Kuchenform nicht wieder mit nach Haus tragen wollen.
- Oder verwenden Sie den Boden einer alten, gebrauchten Pizza-Schachtel.

Süßer Belag

- Mischen Sie Ananasstücke aus einer mittelgroßen Dose mit einer Fertig-Vanillecreme, und übergießen Sie damit einen Biskuitboden oder Zitronenkuchen.

Süße Güsse für Geburtstagskuchen

- Zur Puderzuckerglasur geben Sie ein wenig rote Lebensmittelfarbe dazu, und der Kuchen für die Kinderparty wird gut ankommen.
- Wenn Sie öfter Maraschinokirschen verwenden, bewahren Sie den Saft zum Färben eines Kuchenteiges auf. Reduzieren Sie die angegebene Flüssigkeit aber entsprechend. Der Kirschsaft färbt den Teig rot und gibt ihm besonderen Geschmack und Aussehen.

Dekoration und Schrift

- Wollen Sie auf die Glasur noch etwas schreiben? Vielleicht Name, Alter oder Glückwünsche? Dann nehmen Sie einen Zahnstocher zum Vorzeichnen, einen leeren gut gereinigten

Senfspender, füllen diesen mit kontrastierendem Zuckerguß und »schreiben« damit.

- Ist kein Senfspender zur Hand, kleben Sie sich eine Spritztüte aus Butterbrotpapier, und schneiden Sie die Spitze ab. Mit Guß füllen, schreiben und wegwerfen.

Einen Spritzbeutel füllen

- Bevor Sie den Beutel füllen, stellen Sie ihn mit der Spitze nach unten in ein hohes Trinkglas, so daß beim Einfüllen nichts danebengeht.

Verhindern, daß der Teig am Mixer klebt

- Wenn der Kuchenteig so zäh ist, daß die Rührbesen klemmen und der Motor überbelastet wird, versuchen Sie es mit nur einem Besen.
- Oder gießen Sie mehr Flüssigkeit hinein.
- Oder verwenden Sie Knethaken statt der Rührbesen.

Kein fliegender Blätterteig

- Wenn Sie Blätterteig zwischen zwei Lagen Butterbrot- oder Backpapier ausrollen, sprühen Sie ein paar Tropfen Wasser unter die unterste Lage auf den Tisch. Dann rutscht das Ganze nicht mehr weg.

Zuviel Kuchenfüllung?

- Füllen Sie hohe Papier-Backförmchen mit der überschüssigen Füllung, und backen Sie die Törtchen zusammen mit dem Kuchen. Ein paar geraspelte Nüsse darübergestreut, und fertig ist der Nachtisch.

Semmeln bzw. Brötchen aufwärmen

- Wenn der Ofen zu heiß ist, in Aluminiumfolie einwickeln und in einem feuerfesten Tongefäß ganz unten in der Backröhre aufwärmen.

Schnelle und einfache Biskuit-Krapfen (Doughnuts)

- Nehmen Sie Fertig-Biskuitteig. Nur ein Loch mittig ausstechen und im heißen Fett goldgelb ausbacken. Abtropfen lassen und mit Puderzucker und Nüssen bestreuen. Eine amerikanische Delikatesse!

- Je mehr Eigelb im Krapfenteig, desto weniger Fett wird von ihm aufgesogen.
- Bevor Sie die »Doughnuts« ausbacken, lassen Sie sie noch einmal 5 Minuten stehen, dann werden sie weniger fettig.
- Die ringförmigen Krapfen gelegentlich und sehr vorsichtig wenden, dann brechen sie im heißen Fett nicht auseinander.
- Ein paar Kartoffelstückchen im Öl lassen die Krapfen nicht verbrennen.

Gebackener Schnee

- Baiser-Schaum auf einer Obsttorte (Rhabarber-, Johannisbeertorte etc.) läßt sich nach dem Backen besser schneiden, wenn Sie etwas normalen Zucker darüberstreuen und dann erst backen.
- Schaumkuchen bei 150° ca. 1½ Stunden bräunen! Das Obst darunter bleibt trotzdem saftig!

Leichter Schnitt

- Zusammengeklappte Schnitten aus Weißbrot lassen sich leichter schneiden, wenn die Käsescheiben zuunterst liegen.

Noch ein Schneidetip

- Wenn Sie Ihr selbstgebackenes Brot aufschneiden wollen, kühlen Sie es mindestens eine halbe Stunde vor dem Schneiden im Kühlschrank. Es läßt sich dann leichter schneiden, besonders bei sehr dünnen Scheiben.

Für Freunde von Erdnußbutter

- Mischen Sie unter die Erdnußcreme feingeraspelte Karotten. Das ist eine gute Methode, sie knackiger zu machen.
- Einen Teelöffel heißes Wasser zufügen und verrühren, wenn die Erdnußbutter nicht mehr ganz weich ist.
- Oder einen Tropfen Sesamöl einträufeln lassen. Das macht die Masse nicht nur geschmeidiger, sondern schmeckt auch noch nussiger.

Fischiges

Wußten Sie schon?

- Je dunkler das Fischfleisch, desto höher sein Kaloriengehalt.
- Wenn auf Thunfischdosen »In Stücken« steht, ist die Dose mit kleinen Stückchen Fischabfall gefüllt, während mit »Im Stück« der gewachsene Fisch gemeint ist. Kein Unterschied im Nährwert, wohl aber im Preis.

Gekochter Fisch

- Gekochter Fisch bleibt weißer und fester, wenn Sie etwas Zitronensaft oder Essig ins Kochwasser geben.

Hummer aufpolieren

- Reiben Sie die Hummerschalen etwas mit Salatöl ein, wenn Sie ihn kalt und im Ganzen servieren wollen!

Aus der Fleischküche

Schinken für kleine Portionen einfrieren

- Knicken Sie einen Bogen Butterbrotpapier wie eine Ziehharmonika, und legen Sie in jede Falte eine Scheibe Schinken. Dann in Gefrierbeutel legen und einfrieren.

Zarter und doch knuspriger Speck

- Stellen Sie ein hohes Glas mit Wasser neben den Herd bereit, und tauchen Sie mit einer Gabel jedes rohe Stück Speck hinein, bevor Sie es in der Pfanne braten.

Ausgelassenes Fett vom Speck ohne Rückstände

- Gießen Sie das Fett in einen Behälter, in den Sie vorher etwas kaltes Wasser gefüllt haben. Die verbrannten Fleischstückchen werden nach unten sinken, während das Fett sich oben absetzt und erhärtet. Dann das Fett abnehmen und im Kühlschrank aufbewahren.

Mariniertes Rindfleisch

- Ist Ihnen der Wein für eine Marinade ausgegangen, legen Sie das Fleisch statt dessen für einige Stunden in Bier!

»Falscher Hase« nicht gebacken

- Den Fleischteig des Hackbratens zu Bällchen formen und in einer Pfanne in etwas heißem Öl braten. Überschüssiges Fett abgießen und mit je einer Dose Tomatensuppe und Tomatensauce übergießen. Simmern lassen und zu Reis servieren.

Fleisch mixen

- Wenn Sie sich beim Zusammenmischen der Fleischmasse für Hackbraten oder Frikadellen die Hände nicht schmutzig machen wollen, benutzen Sie die Knethaken des Handrührgerätes oder die Küchenmaschine.
- Oder benutzen Sie einen Fleischwolf.
- Oder Sie ziehen sich Gummihandschuhe oder Plastiktüten, die mit Gummibändern am Handgelenk befestigt sind, an, und kneten mit der Hand.

Bräunen im Mikrowellenofen

- Das Fleisch entweder erst mit Sojasauce oder mit Worcestersauce bestreichen. Es schmeckt dann besser und sieht schöner aus.

Gefrorene »Hamburger«

- Die Frikadellen zwischen Frühstücksbeutel aus Butterbrotpapier legen und einfrieren. Die doppelte Papierdicke erleichtert beim Auftauen das Trennen.

Wenn der Schinken im Backofen zu salzig ist

- Nach halber Backzeit den Bratensaft abgießen und mit 1/3 l Selterswasser oder Bier übergießen, bis der Schinken fertig gebacken ist.

Ersatz für Mehl zum Panieren von Schweineschnitzeln

- Nehmen Sie Fertigmischung für Pfannkuchen oder Waffeln.
- Semmelmehl eignet sich besser zum Panieren als Mehl.

Haferbrei ohne Klumpen

- Es wird keine Klumpen im Haferbrei geben, wenn Sie die Getreideflocken mit kaltem Wasser oder Milch aufsetzen und nicht mit heißem. Die Konsistenz wird viel glatter.
- Oder nehmen Sie die Rückseite eines Kochlöffels, und lassen Sie die Flocken während des Einrührens darüberrieseln.

Joghurt-Pfannkuchen

- Fügen Sie einen Becher Trinkjoghurt mit Fruchtgeschmack zum Pfannkuchenteig, und lassen Sie die entsprechende Menge Flüssigkeit dafür weg. Ist der Teig zu fest, gießen Sie Milch dazu.

Pfannkuchen in Grün

- Wenn Pfannkuchenteig übriggeblieben ist, fügen Sie feingehackten Spinat hinzu, und Sie haben zu Mittag vitaminreiche Waffeln.

Sirup-Ersatz statt dem üblichen Ahorn-Sirup

- Jedes beliebige Gelee mit etwas Wasser und einem Stück Butter verrühren und im Topf erhitzen.
- Oder nehmen Sie den Sirup vom Dosenobst, erhitzen ihn und übergießen damit die Pfannkuchen.

Leckere Waffeln auflockern

- Mit Buttermilch und einer Prise Backpulver, anstelle der Milch, werden die Waffeln leicht und locker.
- Lassen Sie die Waffeln bei geöffnetem Waffeleisen 1 bis 2 Minuten backen, dann erst den Deckel schließen. Die Waffeln werden lockerer.

Zu viele Waffeln?

- Frieren Sie sie ein! Wenn sie gebraucht werden, auf eine feuerfeste Platte legen, mit Sirup und Butter bestreichen und unter den Grill stellen. Die Waffeln sind fertig, wenn der Sirup anfängt, Blasen zu bilden.

Ein vollwertiges Frühstück

- Ein guter Start am Morgen mit einem Frischkornmüsli! Mahlen Sie am Abend verschiedene Getreide – in einer Kaffeemühle –, lassen Sie sie über Nacht mit etwas Wasser quellen, und vervollständigen Sie das Müsli am Morgen mit frischem, geschnittenen Obst, geraspelten Nüssen, Honig und Joghurt. So versorgt, hält das Frühstück vor bis zum Mittagessen.

Das liebe Federvieh

Ungekochtes Huhn zerteilen? Eine Kleinigkeit!

- Kühlen Sie das Huhn soweit herunter, daß es kurz vor dem Gefrieren ist. Dann läßt es sich ohne Mühen schneiden.
- Oder tauen Sie ein gefrorenes Hühnchen so weit auf, daß es sich gerade gut zerteilen läßt.

Frittiertes Hähnchen

- Nehmen Sie am besten Maisöl und kein Sesam- oder Erdnußöl zum Frittieren. Maisöl hat einen höheren Siedepunkt und verbrennt nicht so schnell.
- Verwenden Sie das Frittierfett möglichst nur ein Mal – auch wenn es schwer fällt –, denn die Hitze verwandelt die Fette und macht sie für den Körper unverwertbar.

Gefrorene Pute schnell aufgetaut

- Legen Sie das gefrorene Tier in eine Camping-Kühltasche in die Badewanne, und füllen Sie eiskaltes Wasser hinein. Wechseln Sie das Wasser des öfteren aus.

Heraus mit der Füllung

- Zum späteren leichten Herausnehmen der Füllung aus Truthahn oder sonstigem Geflügel legen Sie in die Höhlung einen Mullbeutel und lassen die Enden herausstehen. Die Füllung hineingeben, den Beutel überlappend schließen und das Geflügel sorgfältig zunähen. Ist das Geflügel fertig gebraten, nehmen Sie zuerst nur etwas von der Füllung mit dem

Löffel heraus, dann ist es einfach, den ganzen Beutel auf einmal herauszuziehen!

Billiges Geflügel saftig machen

- Versuchen Sie's so: Den Vogel im geschlossenen Topf oben auf dem Herd etwa eine Stunde mit ein wenig Wasser angaren. Übergießen ist nicht nötig, aber das Wasser sollte nicht völlig verdunsten. In die Bratröhre des vorgeheizten Ofens schieben und fertig braten. Lassen Sie sich von seiner Zartheit überraschen.

Geflügel aufwärmen

- Pfanne oder Topf mit ¼ Tasse Milch erwärmen und bei geringer Temperatur die Fleischstücke beidseitig darin wenden. Die Milch sollte nicht kochen. Das Geflügel wird so gut schmecken, als käme es frisch aus dem Ofen.

Füllungen strecken

- Wenn Sie 2 bis 3 Tassen Semmelbrösel zu der Füllung geben, können Sie leicht noch sechs Personen zusätzlich damit satt bekommen, und der Geschmack ist immer noch gut.

Durstlöscher

Grundloser Kaffee

- Wenn Sie den gemahlenen Kaffee in den Filter eines Kaffeeautomaten füllen, setzen Sie einen Metallfingerhut über das Ventil, und es wird kein Satz in die Kanne kommen können.

Gesunde Eisgetränke

- Orangen-, Apfel- oder Ananassaft im Eiswürfelbehälter einfrieren. Die gefrorenen Würfel im Mixer mit kaltem Saft mischen und zerkleinern, bis Sie ein dickflüssiges Eisgetränk erhalten.
- Oder diese »Saftwürfel« etwas gefrieren lassen und als Eis-am-Stiel den Kindern reichen.

Keine Tee-Schildchen in der Tasse

- Wenn Sie beim Tee-Aufgußbeutel das Bändchen mit dem Etikett unter die Tasse schieben, rutscht es beim Übergießen mit dem kochenden Wasser nicht in die Tasse.

Tee-Ideen

- Reichern Sie Ihren vielleicht billigen oder ältlichen Tee mit ungespritzten getrockneten Orangenschalen an, die Sie mit in die Dose legen.
- Oder getrocknete, ungespritzte Apfel- und Zitronenschalen ergeben für sich, oder aber mit schwarzem Tee gemischt, ein erfrischendes Getränk.
- Einen Tee, den Sie Ihr Leben lang trinken können und gesund dabei bleiben, ist Salbei-Tee.
- Schwarzer Tee hat eine stopfende Wirkung auf die Verdauung. Wenn Sie in diesem Punkt Schwierigkeiten haben sollten, trinken Sie lieber Kaffee oder einen anderen Tee.

Wußten Sie das schon?

- Trockener Weißwein verliert beim Kochen gute 85% seiner Kalorien und seinen gesamten Alkoholgehalt. Ein Glas mit 125 Kalorien vermindert sich also auf nur 11 Kalorien. Das ist gut so – und ebenso ist das Aroma.

Eingefrorenes

Große Mengen Fisch einfrieren

- Hier ein Tip, wie Sie Ihren Fang direkt vom Boot nach Haus bringen können, dazu brauchen Sie aber eine Gefriermöglichkeit an Bord: Nehmen Sie Aluminium-Backformen zum einmaligen Gebrauch und belegen Sie sie mit geputzten, kochfertigen Fischen für eine oder zwei Mahlzeiten. Mit Wasser vollständig bedecken und einfrieren. Ist der Inhalt hart gefroren, aus der Form nehmen, die Kanten etwas entschärfen bzw. abrunden und für den Heimtransport in haltbare, feste

Plastikfolie legen. Danach die Formen auswaschen und für die nächste Ladung verwenden.

Schnelle Eiswürfel

- Lassen Sie 1 bis 3 schon gefrorene Eiswürfel in dem Behälter, den Sie gerade geleert haben. Die restlichen Fächer mit Wasser auffüllen. Die schon gefrorenen Würfel lassen den Rest schneller gefrieren.

Schnelles Einfrieren

- Bedecken Sie das einzufrierende Gut mit schon Gefrorenem, dann geht's schneller.

Von Reis und Getreide

Wie Sie verhindern, daß Langkornreis überkocht

- Kochen Sie den Reis in einem Teekessel mit abnehmbarem Deckel. Die Tülle verhindert das Überkochen, und schneller geht es auch.

Reis mit Geschmack

- Kochen Sie ihn mit Bouillon, Gemüse- oder Fleischbrühe, statt mit Wasser.
- Oder gießen Sie etwas ungesüßten Ananassaft ins Kochwasser, wenn Sie den Reis für einen Auflauf oder Nachtisch verwenden wollen.

Reis macht Brot schmackhafter

- Backen Sie Ihr Brot selber? Geben Sie eine Tasse gekochten Reis mit in den Brotteig, und Beschaffenheit sowie Geschmack werden verbessert.

Keine klebrigen Nudeln

- Nehmen Sie mindestens 1 ½ l stark kochendes Wasser für ein Pfund Nudeln.
- Und geben Sie einen Teelöffel Öl mit ins Wasser, dann kocht nichts über.

Damit Sie nicht der Hafer sticht!

- Lassen Sie ½ Tasse Haferkörner mit kaltem Wasser bedeckt über Nacht quellen, und essen Sie das Ganze mit Joghurt und Früchten zum Frühstück. Gut für die Verdauung und für Ihren Teint!

Ohne Gewürze geht nichts

Lorbeerblätter

- Damit die Lorbeerblätter leichter aus dem Eintopf oder der Sauce zu entfernen sind, legen Sie sie in ein Tee-Ei.

Dill

- Mit kaltem Wasser leicht besprengen und im Schraubglas im Kühlschrank aufbewahren.

Senfpulver

- Einen halben Teelöffel Senfpulver zum Paniermehl hinzufügen, und der Geschmack Ihres Brathähnchens wird Sie begeistern.

Petersilie

- Wußten Sie schon, daß Petersilie Frische und Geschmack anderer Gewürzkräuter verbessert? Mischen Sie Petersilie mit gleichen Teilen Dill, Basilikum oder Rosmarin.

Pfeffer

- Ein paar ganze Pfefferkörner im Pfefferstreuer verhindern das Verstopfen der Streulöcher und geben dem gemahlenen Pfeffer mehr Frische.

Kräutermenge

- Werden im Rezept frische Kräuter verlangt, und Sie haben nur getrocknete, nehmen Sie nur ein Drittel der im Rezept angegebenen Menge. Durch das Trocknen erhöht sich die Intensität des Geschmacks.

Salzloses Würzen

- Mischen Sie jeweils 2 ½ Teelöffel Paprika-, Knoblauch- und Senfpulver, 5 Teelöffel Zwiebelpulver und ½ Teelöffel gemahlenen schwarzen Pfeffer. Halten Sie stets einen Streuer mit dieser Gewürzmischung auf dem Tisch und in der Küche bereit, und ersetzen Sie damit das Salz.

Getrocknete Kräuter auffrischen

- Wenn Sie die kratzigen Trockenkräuter in kalten »Dips« oder Saucen nicht mögen, versuchen Sie es folgendermaßen: Hängen Sie die Trockenkräuter für 30 Sekunden in einem Nylonsieb ins kochende Wasser, dann zupfen Sie sie etwas auseinander, tupfen sie trocken und schneiden sie dann klein.

Kräuter trocknen

- Haben Sie sehr viel Petersilie, Dill und Schnittlauch angepflanzt, trocknen Sie die Kräuter nach der Ernte und bewahren sie auf. Erst gut waschen und abtropfen lassen, dann zwischen zwei Papierhandtüchern im Mikrowellenofen 10 Minuten auf Mittelhitze trocknen. Abkühlen lassen, zerbröseln oder kleinschneiden. In luftdichten dunklen Gläsern lagern.
- Oder binden Sie sie in Bündeln zusammen und hängen Sie sie an einem luftigen, schattigen Platz zum Trocknen auf. Zerbröseln und in dunklen, luftdicht schließenden Gläsern aufbewahren.

Milch, Käse, Eier

Butter streichfähig

- In einer Schüssel mit warmem Wasser kurz erweichen, bevor Sie die Verpackung öffnen.

Käse geradeschneiden

- Behalten Sie beim Käseschneiden das große Käsestück im Auge und nicht das Stück, das Sie gerade abschneiden, und Sie werden es ganz gerade hinbekommen. Das gleiche gilt natürlich auch fürs Brotschneiden.

Selbst reiben

- Kaufen Sie Käse im Stück, und reiben Sie ihn selber, denn das ist billiger. Ein halbes Pfund Parmesan-Käse ergibt selbstgerieben drei gehäufte Tassen, ein halbes Pfund Gouda oder Emmentaler zwei Tassen.

Camembert vorm Einsinken in der Mitte bewahren

- Stellen Sie Käse wie Brie oder Camembert zur längeren Aufbewahrung auf den Kopf, um zu verhindern, daß er in der Mitte einsinkt.

Alter Käse

- Die harten Reststücke verschiedener Käsesorten reiben und im luftdichten Gefäß einfrieren. Zum Überstreuen für Aufläufe und Zwiebelsuppen, bei Kalbsschnitzel oder Omeletts ist er noch bestens zu verwenden.

Eischnee

- Nur Glas- oder Metallschüsseln zum Schlagen von Eischnee hernehmen. Plastik neigt dazu, fettig zu sein, was verhindert, daß der Schnee steif wird.
- Oder verwenden Sie ein hohes Gefäß aus Hartkunststoff, das nur für diesen Gebrauch bestimmt ist.

Keine eiskalten Eier schlagen

- Weil zimmerwarme Eier sich zu größerem Volumen schlagen lassen, sollten Sie sie nach Entnahme aus dem Kühlschrank zuerst aufwärmen lassen.
- Oder legen Sie die Eier aus dem Kühlschrank für einige Minuten in eine Schüssel mit warmem Wasser. Dann erst aufschlagen und trennen.

Poschiertes Ei

- Um poschierten Eiern eine gute Form zu geben, schneiden Sie Deckel und Boden einer runden Thunfischdose ab, waschen diese gründlich aus und verwenden den verbleibenden Dosenring als Form. In einen Topf mit simmerndem Wasser legen und das Ei dort hinein schlagen.

Immer frische Eier

- Kaufen Sie abwechselnd pro Woche einmal braune, einmal weiße Eier, dann wissen Sie immer, welche die frischeren und welche die älteren Eier sind.

Backgeheimnis mit Eiern

- Wenn im Kuchenrezept drei ganze Eier gebraucht werden und für die Glasur nur Eiweiß, so mogeln Sie ein bißchen. Tun Sie ein ganzes Ei plus zwei Eigelbe in den Teig, ergänzen die fehlende Flüssigkeit durch zwei Gläschen Cognac oder Rum und nehmen die zwei übriggebliebenen Eiweiß für die Glasur. Der Alkohol macht den Kuchen übrigens besonders locker und lecker.

Gefüllte Eier

- Für große Mengen gefüllter Eier drücken Sie die hartgekochten Eigelbe mitsamt den Gewürzen wie Senf, Kapern, Anchovis, Petersilie etc. durch die Kartoffelpresse oder drehen Sie alles durch den Fleischwolf. In einem Arbeitsgang ist alles geschafft.

Gefüllte Eier beim Picknick

- Jedes einzelne Ei in Klarsicht-Folie packen, oben lose zusammendrehen und in einen Eierkarton setzen. Im geschlossenen Karton können sie nicht umfallen und sind sicher gehalten. Und man braucht nach dem Picknick keine schmutzige Schüssel wieder heim zu tragen.

Wohin mit all den Eiern?

- Fetten Sie einen Topf, füllen Sie die Eiermasse hinein, und lassen Sie sie im Wasserbad ohne Umrühren hart werden. Dann in Würfel schneiden und für Salate verwenden. Behalten Sie diesen Tip im Auge, wenn Sie an Ostern viele Eier ausblasen müssen!

Kondensmilch selber machen

- Mischen und erwärmen Sie 1 1/8 Tasse Trockenmilchpulver mit ½ Tasse warmem Wasser im leicht kochenden Wasserbad. Lassen Sie eine ¾ Tasse Zucker hineinrieseln, und rühren Sie alles so lange um, bis der Zucker aufgelöst ist. Ausgießen, und die Kondensmilch ist fertig!

Wein im Pudding

- Bei einem Gericht, das Sahne, Eier oder Butter enthält, fügen Sie den benötigten Wein zuerst hinzu, dann gerinnt garantiert nichts.

Kalorienarmer Nachtisch

- Mit dem Schneebesen oder Rührgerät Eiweiß und Bananenstücke so lange schlagen, bis die Banane völlig aufgelöst ist. Ein guter Tip für besonders reife Bananen!
- Noch eine Idee: Frieren Sie Dosenmilch im Gefrierfach so lange, bis sich Eiskristalle bilden, und schlagen Sie sie dann steif wie Sahne.

Obst und Grünzeug

Einen Apfel zu Mittag

- Ein kalorienarmer Tip: Den oberen Teil eines gewaschenen Apfels wie einen Hut abschneiden, das Kernhaus herausnehmen, aber den unteren Teil des Apfels intakt lassen. Mit Zitronensaft ausreiben, mit Frucht- oder Geflügelsalat füllen und den Hut wieder aufsetzen. In Klarsichtfolie wickeln, bis er gegessen wird.

Den richtigen Kohl kaufen

- Damit Sie keinen Kohl mit zu strengem Kohlgeschmack und harten Blättern kaufen, nehmen Sie keinen mit einzeln stehenden Blättern unterhalb des Kopfes.

Mais kochen

- Füllen Sie die Maiskörner am besten in einen Frittierkorb oder ein Sieb, und hängen Sie diese ins kochende Wasser, damit Sie nachher nicht die einzelnen Körner herausfischen müssen, sondern nur den Korb herausheben, wenn die Körner gar sind.

Datteln und Feigen

- Zum Entfernen der Dattelkerne schneiden Sie die Früchte mit einer mit Wasser befeuchteten Schere auf.
- Um Datteln und Feigen klein zu schneiden, sprühen Sie das Schneidebrett mit ein wenig Wasser ein. Die klebrigen Früchte kleben dann nicht fest.
- Servieren Sie frische Feigen bei Raumtemperatur. Gekühlte Früchte verlieren das Aroma!

Milde Auberginen

- Eine Aubergine mit wenigen Kernen ist milder als eine mit vielen. Und so können Sie das erkennen: Prüfen Sie den unteren Teil der Frucht und die dortige ungefähr 1 cm große Vertiefung. Ist diese Vertiefung länglich oder oval, sind viele Kerne enthalten, ist sie rund, enthält sie wenige.

Zwiebeln im Ganzen kochen

- Stechen Sie mit einem Fleischspieß ein Loch durch die Zwiebelmitte, und die Zwiebel fällt nicht auseinander.
- Oder stechen Sie mit einer feingezinkten Gabel halb durch die geschälte Zwiebel. So sollte sie in Form bleiben.

Paprika

- Je größer die Paprikaschoten, desto milder, je kleiner, desto schärfer sind sie!

Kartoffeln

- Für die Zubereitung im Mikrowellenofen werden die Kartoffeln an der Längsseite mit 3 bis 4 Zahnstochern aufgestelzt, so daß sie rundherum gleichmäßig garen können.
- Verwenden Sie zur Herstellung von Bratensauce das Kochwasser von Salzkartoffeln.
- Oder nehmen Sie es auch an Stelle von Milch zur Zubereitung von Kartoffelbrei.

- Ein altes Hausmittel: Wer jeden Tag eine Tasse gekochtes Kartoffelwasser trinkt, wird nie ernstlich krank! Nur sollte es nicht zu salzig sein.
- Wenn Sie mehr rohe Kartoffeln geschält haben, als benötigt werden, legen Sie sie in kaltes Wasser mit einigen Tropfen Essig. Wenn sie wirklich gut mit Wasser bedeckt sind, halten sie sich einige Tage im Kühlschrank frisch.
- Kartoffeln in der Schale sind gesünder als geschälte Kartoffeln, denn alle wichtigen Stoffe befinden sich direkt unter der Schale – und ausgerechnet die wird beim Schälen weggeworfen!
- Ein Resteessen: Übriggebliebene, im Backofen gebackene Kartoffeln schneidet man in dicke Scheiben, frittiert sie und taucht sie in Knoblauchbutter, nachdem sie abgetropft sind.

Gefüllte Zucchinis

- Sie müssen die Zucchinis nicht unbedingt aushöhlen, wenn Sie sie zuerst dünsten und dann einen tiefen Schnitt in Längsrichtung machen. Besonders gut für kleine Zucchinis.

Nichts für Suppenkaspar

Keine Knochen in der Suppe

- Legen Sie Suppenknochen und alle Bestandteile, die nachher nicht in der Suppe bleiben sollen, in einen Gemüseeinsatz, z. B. von einem Schnellkochtopf, und kochen sie dort aus. Den Einsatz brauchen Sie hinterher nur herauszunehmen, und Sie haben eine klare Suppe.

Gemüsebrühe einfrieren

- In Kastenform gießen, einfrieren, dann aus der Form nehmen und in Gefrierbeutel geben. Die Blöcke sind leicht zu stapeln und beanspruchen so nur einen geringen Platz im Gefrierfach.

Hühnersuppen-Idee

- Mit Gemüse- oder Hühnerbrühe läßt sich ein chinesischer

»Feuertopf« herrichten. Er ist viel bekömmlicher und genauso gesellschaftlich wie ein Fondue.

Süße Sachen

Schokolade zerkleinern

- Lassen Sie die Tafel im Papier eingewickelt, und schlagen Sie mit der genoppten Seite des Fleischklopfers darauf. Das ist die beste Methode Schokolade zu zerkleinern.

Geschmolzene Schokolade

- Kriegen Sie die geschmolzene Schokolade schlecht aus dem Topf? Ein bißchen Mehl darüber streuen, und nun sollte es ein Leichtes sein, die Masse umzufüllen.
- Wollen Sie nur wenig Schokolade schmelzen, brechen Sie die Tafel in kleine Stücke, und erwärmen und schmelzen Sie sie in einer Tasse im Wasserbad.
- Für größere Mengen füllen Sie die Schokolade in einen kochbaren Plastikbeutel und hängen ihn in heißes Wasser. Ist die Schokolade geschmolzen, schneidet man eine Ecke des Beutels ab und drückt die Masse heraus.

Schokoladenlocken

- Die Locken werden größer, wenn Sie sie von Milchschokolade statt von Zartbitter abschaben.

Karamellen

- Selbstgemachte Karamellen verzuckern nicht, wenn Sie eine Prise Pottasche dazugeben.
- Sind Ihnen die Karamellbonbons nicht ganz gelungen, brechen Sie sie zu Krokant, und verwenden Sie sie für Kekse, zum Bestreuen von Kuchen oder für Puddings.

Wie groß ist die Form?

- Wenn Sie nicht wissen, wieviel Flüssigkeit in eine Puddingform hineinpaßt, gießen Sie Wasser hinein, und messen Sie den Inhalt im Meßbecher.

Gelee-Regeln

- Nie Gerichte mit Gelatine ins Gefrierfach stellen. Es wird gummiartig und die Oberfläche rissig.
- Für schnelles Erstarren probieren Sie doch folgendes: Schütten Sie die Gelatinemischung in eine große Schüssel, gießen eine Tasse kochendes Wasser dazu und rühren sie gut um. Dann füllen Sie mit Eiswürfeln auf, bis die Mischung anfängt zu erstarren. Nehmen Sie nun die ungeschmolzenen Eisstückchen heraus, gießen Sie den Inhalt in eine Schüssel, und stellen Sie sie in den Kühlschrank.

Nachtischideen mit Gelee

- Zwei Teelöffel Kirschgelee zur Apfelkuchenfüllung gegeben, dickt nicht nur die Füllung an, sondern färbt und verbessert auch das Aroma.
- Wenn Sie statt Wasser einen Becher Natur-Joghurt zur Götterspeise geben, wird sie cremiger und zarter im Geschmack.

Küchenwerkzeuge einmal anders

Bierdosen-Öffner

- Öffnen Sie mit der Spitze jene Kartons, die an den bezeichneten Stellen nicht so leicht aufzudrücken gehen, wie sie eigentlich sollten.

Ausstecher für Butterbällchen

- Formen Sie damit appetitliche Fleischbällchen für die Party. Ab und zu in kaltes Wasser tauchen, damit das Hackfleisch nicht anklebt.
- Oder angeln Sie damit Oliven aus einem Glas, ohne sie dabei anzustechen, wie das mit der Gabel immer geschieht. Auch der Saft läuft dabei ab.
- Oder schneiden Sie damit das Kerngehäuse aus Birnen- oder Apfelhälften.

Kartoffelschäler

- Nutzen Sie die Spitze, um Kirschen zu entsteinen. Noch besser ist allerdings eine altmodische Haarnadel, die man in einen Korken steckt.
- Oder schälen Sie damit unbehandelte Orangen und Zitronen. Das Weiße bleibt dann erhalten – gut für die selbstgemachte Marmelade!
- Oder schneiden Sie damit Kohl: Den Kopf vierteln, am Strunk festhalten und in langen Strichen mit dem Schäler schneiden.

Suppenkelle

- Nehmen Sie die Suppenkelle, wenn Sie eine nur kleine Menge Butter, Margarine oder Schokolade im Wasserbad schmelzen wollen.

Die kleinen Extras

Selbstgemachtes Ketchup

- Mischen Sie eine Tasse Tomatensauce oder Tomatenmark mit 2 Teelöffeln Essig, ¼ Tasse braunem Zucker, ¼ Teelöffel Zimt und je einer Prise gemahlener Nelken und Gewürzmischung. Das ergibt eine köstliche Abwechslung vom gekauften Ketchup.

Ein Ketchup-Rest

- In eine fast leere Ketchup-Flasche füllen Sie 1 Eßlöffel Essig, 2 Eßlöffel Öl, 1/8 Teelöffel italienisches Gewürz. Schütteln Sie das Ganze kräftig durch, und Sie haben nun eine aromatische Salatsauce.

Fertig-Salatsaucen

- Verbessern Sie gekaufte Roquefort-Salatsauce mit ½ Tasse feinstgewiegten hartgekochten Eiern und einem Teelöffel trockenen Weißwein auf ½ Tasse Fertigsauce.
- Frischen Sie gekaufte Kräuter-Salatsauce mit einem Teelöffel

geschnittenem Schnittlauch und einem halben bis einem Teelöffel fein gewiegter Petersilie auf.

- Mehr Aroma und Frische bekommt Ihre Italienische Sauce, wenn Sie pro halbe Tasse 2 Eßlöffel gewiegte Petersilie, ½ Zehe Knoblauch – gepreßt –, 2 Eßlöffel geraspelte Karotten und ½ Teelöffel Zitronensaft hinzufügen.

Mayonnaise

- Wenn Sie selber Mayonnaise machen wollen, behelfen Sie sich mit einer gut ausgewaschenen Worcestersoßen-Flasche, die Sie mit Öl füllen. Das Loch im Flascheneinsatz erlaubt beim Ölanrühren genaue Dosierung.
- Verwahren Sie die Mayonnaise dann am besten in der Kühlschranktür auf, denn dort ist sie am wenigsten gekühlt. Sonst kann sich die Mayonnaise leicht absetzen.
- Um das Risiko zu vermeiden, daß die Mayonnaise gerinnt, nehmen Sie beim Rühren eine warme Schüssel, oder stellen Sie die Schüssel in eine andere mit warmem Wasser, geben das Eigelb hinein, mischen mit einem Teelöffel Senf und tropfen das Öl unter ständigem Rühren hinein.
- Oder rühren Sie einen Eßlöffel kochendes Wasser in die fertige Mayonnaise ein, um sie in der Kälte dann nicht gerinnen zu lassen.
- Verlangt Ihr Kuchenrezept nach Öl (vielleicht für Pizza oder Quiche etc.), und Sie haben gerade keines, können Sie statt dessen die gleiche Menge Mayonnaise hineingeben, und der Teig wird besonders wohlschmeckend geraten.
- Wenn Sie ein Brathähnchen vorher mit Mayonnaise bestreichen, wird es knusprig braun.
- Ist Ihnen das Öl zum Braten von Fleisch ausgegangen, können Sie statt dessen auch einige Eßlöffel Mayonnaise nehmen.

Verfeinerter Essig

- Einen einfachen Essig verfeinern Sie erheblich, wenn Sie einen Zweig frischen Estragon in die Flasche stellen und dort belassen, bis der Essig verbraucht ist.

Und zum Schluß...

Ein cleverer Gutschein-Tip

- Wenn Sie Gutscheine in der Zeitung entdecken, die Sie gerne einlösen möchten, die Zeitung aber noch nicht von allen gelesen worden ist, so schneiden Sie nur drei Seiten des Coupons aus, und lassen Sie ihn vom letzten Leser der Zeitung dann für Sie ganz herausschneiden.

Festere Einkaufstüten

- Wenn Sie in ein Geschäft gehen, um schwere Lebensmittel einzukaufen, legen Sie zur Verstärkung der Einkaufstüte einen Schuhkartondeckel unten hinein.

Einkaufs-Strategie

- Wenn Sie Ihren Laden gut kennen, listen Sie die einzukaufenden Dinge der Reihe nach auf, wo Sie sie auf dem Weg vom Eingang zur Kasse finden. Das spart Zeit, denn Sie brauchen dann nicht dauernd hin und her zu laufen.

Passen Sie auf!

- Die gängigsten Artikel befinden sich im Supermarkt meist in Augenhöhe. Fallen Sie nicht darauf rein! Die billigen Waren sind meist ganz unten oder ganz oben gelagert.

Raus aus der Tasche

- ...und rauf auf den Tisch mit allem Eingekauften! Sortieren Sie gleich alle Dinge aus, die in den Kühlschrank gehören, und legen Sie sie mit einem Mal dort hinein. Sie sparen so Zeit und Kühlenergie.

Anstelle eines Taschenrechners

- Runden Sie auf Ihrem Einkaufszettel jeden Preis grob auf, und errechnen Sie im Kopf die ungefähre Endsumme, was übrigens nebenbei ein gutes Rechentraining ist. Die Gesamtrechnung wird Sie dann nicht mehr umwerfen.

Feste feiern, wann sie fallen

Die besten Tips für Party und Freizeit

Einladung mit Pfiff

- Schneiden Sie ein komisches Photo einer bekannten Persönlichkeit aus der Zeitung oder aus einer Illustrierten aus, und kleben Sie es auf ein weißes Stück Papier. Schreiben Sie dann einen passenden Text, Datum und Ort der Einladung dazu, vervielfältigen das Ganze und verschicken es.
- Handgeschriebene Einladungen zu einer offiziellen Party schreiben Sie auf einen unbedruckten, weißen Fächer. Binden Sie ein Silberbändchen darum, und verschicken Sie ihn in einem langformatigen Büroumschlag.
- Für Sportsfreunde: Auf farbige Wimpel, evtl. in den Clubfarben, schreiben Sie die Einladung mit weißer Tinte. Die Spitzen von hölzernen Fleischspießchen abschneiden und an das breitere Ende der Wimpel ankleben. Im farblich passenden Umschlag versenden.

Die Party in Gang halten

- Um ein Fest lebhafter zu gestalten, laden Sie doch mehr Gäste ein, als Sitzplätze zur Verfügung sind. Dann »bewegt« sich mehr.
- Ist Ihre Wohnung klein, die Zahl Ihrer Gäste jedoch groß, und Sie wollen nur einmal ein Fest ausrichten, dann versuchen Sie es doch einmal so: Die ersten 15-20 Gäste laden Sie von 17 bis 19 Uhr, die nächsten von 18.30 bis 20 Uhr und den Rest von 19.30 bis 22 Uhr oder länger ein. So haben alle Gäste Gelegenheit, sich zu sehen, und doch wird es nicht zu voll werden.
- Oder arrangieren Sie eine Abendeinladung und eine Morgeneinladung gleich für den nächsten Tag. Die Blumen sind dann immer noch schön, und Sie brauchen nur einmal die doppelte Menge einzukaufen. Der abends übriggebliebene Schinken paßt zu einer schnell angefertigten Quiche, und das Obst wird zu einem Fruchtsalat.

Eine heiße Party

- Sparen Sie Heizkosten, und denken Sie auch an das Wohlbefinden Ihrer Gäste. Stellen Sie die Heizung vor dem Eintreffen der Gäste herunter. Ein Raum voller Menschen heizt sich von selbst auf. Ein zu heißer Raum dämpft die Stimmung.

Machen Sie sich's einfach

- Stellen Sie alle Speisen, die Sie für die Gäste bereitet haben, in ein Fach des Kühlschrankes. So ist alles beisammen, und Sie vergessen nichts.

Standfeste Kerzen

- Wenn Sie das untere Ende der Kerzen erwärmen (mit einem Streichholz oder einer anderen Kerze) und sie dann erst in die Halter stecken, fallen sie bestimmt nicht um.

Kerzenhalter

- Unterteller aus Ton – sonst für Blumentöpfe bestimmt – sind preiswerte und hübsche Kerzenhalter.
- Oder nehmen Sie die Unterteller von Mokkatassen.
- Oder flache Holzstücke, in die Sie von unten Nägel geschlagen haben und die mit Alufolie bezogen und verschönt werden können.
- Bauchige Weinflaschen, z. B. Bocksbeutel oder Chianti-Flaschen, geben dekorative Kerzenhalter ab.

Raffinierte Tischkarten

- Drapieren Sie ein breites Gold- oder Silberband über jeden Teller, und schreiben Sie mit breitem Filzstift die Gästenamen darauf. Toll für Geburtstags- oder Jahresfeste.

Der Geist in der Flasche

Schaler Sekt

- Ist der Sekt – leider – schal geworden, werfen Sie eine Rosine in die Flasche. Sie wird den Geschmack nicht verändern, aber durch den Zuckergehalt erneut Kohlensäure erzeugen. Dieser Rat stammt von einem Weinexperten.

Eisige Bowle

- Füllen Sie die Bowlen-Schüssel vorher mit fließendem Kaltwasser und lassen sie so etwa eine Stunde stehen. Die Bowle wird so länger kalt bleiben.

Schönere Eiswürfel

- Legen Sie in jedes Eiswürfelfach ein Rosenblatt, und gießen Sie Wasser zum Einfrieren darüber. Das sieht im Drink ganz wunderbar aus.
- Oder versuchen Sie es mit ungespritzter Zitronenschale.
- Oder mit Erdbeeren, Himbeeren oder Kirschen.
- Oder mit Minzblättern.
- Oder kandierten Veilchenblüten.

Mehr Eiswürfel

- Nehmen Sie Styropor-Eierschachteln zum Herstellen von Eiswürfeln für Ihr Fest, wenn Ihre sonstigen Behälter nicht ausreichen.

Besondere Feste

Variationen über ein Thema

- Gestalten Sie ein Bierfest interessanter, indem Sie eine außergewöhnliche Auswahl anbieten. Besorgen Sie japanisches, mexikanisches, britisches, dänisches oder kanadisches Bier zusammen mit den üblichen deutschen Marken. Und wenn solche exotischen Köstlichkeiten nicht aufzutreiben sind, gibt's auch genügend verschiedene deutsche und dänische Sorten.
- Erweitern Sie die Vorspeisen mit einigen Extravaganzen. Zum Beispiel mit gefüllten Avocados, mexikanischen Maisfladen, griechischem Salat oder japanischen panierten Shrimps. Lassen Sie Ihrer Phantasie freien Lauf.

Heiße Tips für Garten-Grills

- Sie können die Hitze auf dem Grill im Freien reduzieren, ohne das Feuer zu ersticken, indem Sie mit einem sauberen Staubwedel etwas Wasser darüber sprengen.

- So werden Sie genau feststellen können, wann Ihr Grillfeuer die richtige Temperatur zum Braten erreicht hat: Halten Sie – vorsichtig! – Ihre Hand über die Glut in der Höhe des Bratenrostes. Wenn Sie dann nur bis 3 zählen können, ist das Feuer zu heiß; können Sie bis 5 zählen, ist es vermutlich die richtige, mittlere Temperatur; zählen Sie jedoch bis 8, dann ist die Hitze zu gering.

Gefüllte Herrlichkeiten

- Gefüllter Kürbis: Einen ganzen Kürbis oben aufschneiden, entkernen und mit Milch ausspülen. Im Backofen ca. 45 bis 60 Minuten bei Mittelhitze (ca. 170°) gar, aber nicht zu weich kochen. Mit warmem Rindfleisch-Eintopf füllen.
- Avocadohälften mit Krabbensalat füllen.
- Orangen gefüllt mit süßem Kartoffelbrei – mit Orangensaft abgeschmeckt!
- Zucchini-Schiffchen mit Geflügelsalat.
- Paprika mit Maissalat.
- Tomaten mit Schinkensalat.
- Birnen mit Eiscreme.
- Bananen mit Zitronenquark.

Stilvolle Hochzeit

- Versuchen Sie doch mal rauszufinden, ob der Botanische Garten in Ihrer Nähe einen Raum für diese Festlichkeit zu vermieten hat. So etwas gibt es öfters, und die Blumenarrangements sind für Sie dann inklusive – wenn Sie in der richtigen Jahreszeit heiraten.
- Oder richten Sie Ihre Hochzeit im früheren Ballsaal oder der Prachtstube eines Landhauses oder Schlößchens aus. Viele dieser wunderbaren Besitzungen vermieten Räume für besondere Gelegenheiten.

Hochzeitsessen bestellen

- Bringen Sie in Erfahrung, ob es günstiger ist, pro Gast das Gedeck bzw. Menü zu zahlen oder ob ein offenes Buffet preiswerter ist. Wenn sich die Gäste zwei- bis dreimal am Buffet bedienen, wird das oft eine teure Angelegenheit.

Fest- und Feiertage

Natürliche Oster-Eierfarben

- Rote Farbe bekommt man aus dem Saft der Roten Beete mit etwas Essig vermischt.
- Rosa mit Preiselbeersaft.
- Braun wird es mit starkem Tee.
- Blau mit drei eingeweichten, kleingeschnittenen Rotkohlblättern.
- Beige-Töne in allen Schattierungen mit Zwiebelhäuten.
- Sandelholz – mit Naturfarben getränkt und in der Apotheke erhältlich – eignet sich auch sehr gut zum Eierfärben.

Wie man am besten die Eier färbt

- Damit die Eier auch die Farbe annehmen, reiben Sie sie mit einem milden Geschirrspülmittel oder noch besser mit Zitronensaft oder Essig ab und spülen sie gründlich.
- Kochen Sie die Eier in dem Färbebad hart, und lassen Sie sie zum Abkühlen darin liegen, damit die Farbe intensiv einzieht.
- Verzieren Sie die rohen Eier mit Papierformen (Blumen, Blätter, Punkte, Herzen etc.). Heften Sie diese Formen mit Eiweiß ans Ei, und ziehen Sie ein Nylonstrumpfstück darüber. An beiden Enden fest zubinden und im Färbebad hartkochen. Die Muster kommen sehr schön heraus!

Farbtöpfe zum Wegwerfen

- Nehmen Sie saubere Dosen zum Eierfärben. Einige Wochen vor Ostern schon anfangen, Gemüse-, Obst- oder Suppendosen für diesen Zweck zu sammeln.

Eier ausblasen

- Nehmen Sie einen kleinen Handbohrer, und stechen Sie ein Loch in jedes Ende vom Ei und blasen es mit einem Trinkhalm aus. Es geht am besten, wenn Sie das Eigelb vor dem Blasen zerstören.

Statt richtige Eier

- Falls Ihre Kinder keine hartgekochten Eier mögen oder nicht vertragen, nehmen Sie die bunt beklebten Papp-Ostereier, die man im Schreibwarenladen bekommt, und füllen Sie sie mit Ostergras und leckeren Dingen.

Witziger Toast für den Kindergeburtstag

- Schneiden Sie »Mondgesichter« aus Pumpernickelscheiben, legen Sie diese auf eine andere, mit Butter und Schmelzkäse belegte Scheibe, und toasten Sie sie unter dem Grill. Die Toasts sehen sehr lustig aus.
- Zeichnen Sie »Mondgesichter« mit einem schwarzen Filzschreiber auf große Orangen. Stellen Sie diese in einer Reihe auf Fensterbänke oder die Kommode. Eine billige und später auch nahrhafte Dekoration!

Laterne, Laterne!

- Zum Laterne-Laufen für sehr kleine Kinder ist es sicherer, eine kleine Stabtaschenlampe am Boden der Laterne zu befestigen, als Kerzen zu verwenden.
- Oder kleben Sie ein Teelicht anstelle der schlanken Christbaumkerzen an den Laternenboden.

Weihnachtskarten-Ausstellung

- Lochen Sie jede Weihnachtskarte, ziehen Sie ein Schmuckband hindurch, und machen Sie hinter jeder Karte einen Knoten. Hängen Sie das so geschmückte Band ans Fenster oder wie eine Girlande an die Wand zur Verschönerung des Zimmers.

Künstlicher Schnee

- Wenn Sie Ihr Fenster mit künstlichem Schnee verschönern wollen, sprühen oder reiben Sie die Scheiben vorher leicht mit einem nichtklebenden Backöl ein. Wenn die Festtage vorbei sind, läßt sich der Schnee leicht abwischen.

Geschenke-Aufbewahrung

- Öffnen Sie einen Herrenschirm, und verzieren Sie ihn mit roten Bändern und Schleifen von den Spitzen bis zum Griff. Füllen Sie ihn dann mit kleinen Geschenken. Das sieht sehr hübsch aus.

Lametta vom künstlichen Weihnachtsbaum entfernen

- Kämmen Sie die Äste mit einer Hunde-Drahtbürste.

Zerbrechlichen Christbaumschmuck

- Zerbrechliche Glaskugeln, Christbaumspitzenschmuck etc. in Plastiktüten legen und dann erst in Zeitungspapier einwikkeln. Die Tüten schützen so vor der Druckerschwärze. Wenn der Schmuck doch zerbrechen sollte, sind alle Scherben in der Tüte und leicht zu beseitigen.

Plätzchen verpacken

- Sammeln Sie jene Kartons oder Schalen, in denen man Beeren kaufen kann. Zum Verpacken von Plätzchen sind sie großartig! Jedes Körbchen mit hübschen Servietten auslegen und mit Weihnachtsplätzchen oder Süßigkeiten füllen. Zum Verschenken außen hübsch bekleben.
- Bekleben Sie eine Kaffeedose mit Weihnachtspapier, füllen Sie sie mit Süßigkeiten, Keksen, und Bonbons. Mit dem Plastikdeckel schließen und weihnachtlich verpacken.
- Wenn die Plätzchen so dicht gelegt werden, daß in der Schachtel weder seitlich noch oben Platz zum Verrutschen ist, kann man sie sogar verschicken, ohne daß sie zerbrechen.

Ei, ei – Eierlikör

- Füllen Sie die Eiswürfelschale mit Eierlikör und stecken Sie Zahnstocher hinein, wenn er fast gefroren ist. So erhalten Sie selbstgemachtes Eis-am-Stiel für Erwachsene.

Prost-Neujahr!

- Ein großes Zifferblatt als Dekoration für den Silvesterabend wird mitten auf den Tisch gelegt. Außen herum arrangieren Sie dann Luftschlangen, Knallbonbons, Konfetti etc.

Geschenke originell verpackt

- Eine Streichholzschachtel kann eine originelle Verpackung für ein kleines aber feines Geschenk sein. Es ist genau richtig für Ringe, Krawattennadeln und Ohrringe.
- Reise-Poster als Einwickelpapier haben die richtige Größe für eine mittlere Schachtel.
- Fotokopieren Sie ein 20 x 25 cm bzw. ein 30 x 40 cm großes Photo, und benutzen Sie die Kopie als Einwickelpapier für kleinere Päckchen.
- Es lassen sich auch kleine Photos auf dem Kopierer vergrößern und in »Geschenkpapier« verwandeln.
- Stellen Sie preiswertes farbenprächtiges Geschenkpapier selber aus Seidenpapier und Lebensmittelfarben her. 3 oder 4 Bogen Seidenpapier werden aufeinandergelegt und in der Mitte mehrmals gefaltet. Dann taucht man nur die Ecken in die flüssige Lebensmittelfarbe – und zwar jede Ecke in eine andere Farbe. Nach dem Trocknen kann man das Papier auseinanderfalten und anschließend glattbügeln.
- Wenn Sie die alten künstlichen oder getrockneten Blumen nicht mehr leiden mögen, werfen Sie sie nicht weg. Sie können Sie noch als Dekoration für Ihr Geschenkpäckchen verwenden.

Bänder aus Geschenkpapier

- Anstatt passende Bänder zu kaufen, verwenden Sie Streifen von ca. 1 cm Breite aus passendem oder dem gleichen Geschenkpapier. Kleben Sie diese auf die Oberseite der Schachtel. Dazu kann man auch noch Restpapiere verwenden.

Die ganz besondere Verpackungsidee

- Verpacken Sie doch kleine Geschenke für Kinder mal in einer neuen Pausebrot-Schachtel.
- Oder wie wäre es, wenn Sie die Kette oder ein anderes Schmuckstück in einem Schmuckbeutel für die Reise überreichen würden?

- Oder verpacken Sie die neuen Strümpfe oder Strumpfhosen in einer Reisestrumpftasche.
- Oder Handtücher in einem kleinen Badezimmer-Papierkorb.

Wie hebt man Geschenkpapier auf?

- Schluß mit eingerissenen Kanten und zerknittertem Geschenkpapier! Rollen Sie das Papier von der Papp-Rolle herunter und nun wieder fest zusammen, streifen Sie ein Gummiband darüber und stecken das Papier in die Rolle hinein. Mit einer Büroklammer bleibt das Papier in der Rolle gehalten und reißt nicht mehr ein.

Geschenk: ein Haushaltsgerät

- Füllen Sie die Garantiekarte aus, und schicken Sie sie an die Firma. Durch eine Notiz im Geschenk informieren Sie den Beschenkten darüber.

Selbstgemachte Geschenke

- Falls Ihr selbstgemachtes Geschenk besondere Pflegeanleitungen benötigt (für Waschen, Reinigen, Polieren etc.), schreiben Sie die Anleitung kurz auf und legen Sie diese dem Geschenk bei.

Alle meine Kinder

- Machen Sie ein Familienphoto, und lassen Sie die Aufnahme auf Posterformat vergrößern. Wenn dann jeder noch einen kurzen Gruß unter sein Konterfei setzt, werden die Großeltern vor Rührung dahinschmelzen.

Machen Sie Ihren Gästen ein echtes Geschenk

- Sie glauben vielleicht, daß es für Ihre Gäste das größte Vergnügen ist, wenn sie gleich am ersten Abend mit Ihnen groß ausgehen. Vielleicht sind Ihre Gäste aber nach einer langen Reise viel glücklicher, wenn Sie ihnen ein ruhiges Mahl zu Hause bieten. Lassen Sie Ihre Freunde selbst wählen!

Wo's grünt und blüht!

Die besten Tips für Garten und Blumenfenster

Blitzstarter

- Stellen Sie die Saatkästen oben auf den Kühlschrank. Die zusätzliche Wärme, die vom Kühlschrank abgegeben wird, läßt die Samen schneller keimen.
- Sie können die Kästen auch in Plastiktüten stecken und an irgendeinem anderen, hochgelegenen Platz in der Wohnung aufbewahren.
- Falls Sie Samen in einem Blumenkasten aussäen, bedecken Sie die Erde mit Wattebällchen, die die Feuchtigkeit nach dem Gießen halten. Wenn der Samen zu keimen beginnt, entfernt man die Watte wieder.

Eingeweichte Samen

- Manche Samen müssen vor dem Pflanzen eingeweicht werden, am besten in einer breitrandigen Thermosflasche mit warmem Wasser. Wenn die Samen gekeimt haben, gießt man das Wasser über einem Sieb ab.

Samen und Talkum

- Wenn die Samen zusammengeklumpt sind, kann man durch Beimischen von Talkumpuder die einzelnen Körner wieder voneinander trennen und hat es dann leichter beim Aussäen.

Ostereier-Sämlinge

- Nach Ostern können Sie die bemalten, ausgeblasenen Eierschalen als hübsche Saatbehälter verwenden: Das obere Viertel der Schale vorsichtig abbrechen und mit feuchter Blumenerde füllen. Dann streuen Sie etwas Kressesamen darüber, decken mit einer dünnen Erdschicht ab und stellen die Eierschalen an ein sonniges Fenster. Wichtig ist, daß die Erde gut feucht gehalten wird. Schon nach wenigen Tagen keimen die Samen.

Mit Erde überpinseln

- Mit einer alten breiten Malerbürste lassen sich frisch gesäte Samen hervorragend mit Erde bedecken. Die Erde läßt sich so genauer verteilen, und mit einem Pinselstrich ist man fertig.

Schutz vor Schädlingen

- Um Sämlinge vor dem Befall durch Raupen und anderes Ungeziefer zu schützen, verwenden Sie Plastik-Trinkhalme. Diese schneiden Sie in etwa 4 cm lange Stücke, schlitzen sie der Länge nach auf und legen sie beim Umpflanzen um die Stengel der noch anfälligen Pflänzchen.

Bezeichnen der Pflanzen

- Fertigen Sie die Namensschildchen für die Pflanzen selbst an. Aus Hartschaumschalen, wie sie für die Verpackung von Fleisch oder Gemüse verwendet werden, schneiden Sie dreieckige Schildchen aus, schreiben mit wasserfestem Filzstift die Pflanzenbeschreibung darauf und stecken die Schilder mit der langen Spitze in die Erde.
- Sie können auch Wäscheklammern an den Rand der Blumentöpfe klemmen, auf die Sie vorher den Pflanzennamen, Zahl der Samen und das Pflanzdatum geschrieben haben.

Ersprießliches im Garten

- Verwenden Sie für Ableger gläserne Gewürzgläschen. Vergrößern Sie die Löcher im Streudeckel aus Plastik. So werden die Pflanzenstiele auseinandergehalten, und die zarten Würzelchen sind gut zu sehen.
- Wenn Sie Ableger in einem Glas mit Wasser ziehen wollen, verschließen Sie die Öffnung mit Alufolie und stechen einige Löcher hinein, in die Sie die Ableger stecken. Die Pflanzen haben einzeln Halt, und das Wasser verdunstet nicht so schnell.

Düngen

- Nur Dünger mit einem sehr hohen Stickstoffgehalt ist wirklich sinnvoll.

Düngen mit Asche

- Ab und zu können Sie etwas Holzasche gleichmäßig über die Beete streuen. Asche kann den pH-Wert des Bodens regulieren helfen.
- Stecken Sie 3 bis 4 Holzstäbe am Rand des Blumentopfes in die Erde. Darüber stülpen Sie einen Gefrierbeutel, in dessen Boden Sie vorher einige Löcher für die Ventilation geschnitten haben.
- Und nun etwas Tolles für Gemüse: Kleiden Sie einen nicht zu hohen Pappkarton mit einer doppelten Lage Alufolie aus. Stellen Sie nun die in Töpfe gesetzten Pflanzen hinein und decken den Karton mit einer Klarsichtfolie, z. B. den Kleiderhüllen aus der Reinigung, ab. Nun kommt der Karton aufs Fensterbrett. Die Alufolie verteilt das Licht gleichmäßig, wodurch die Pflanzen geradewachsen und nicht sich dem Licht zuneigen. Die Folie erhält die Feuchtigkeit.

Beete anlegen

- Gleichmäßige, parallele Reihen zum Pflanzen können Sie mit den Rädern eines Spielzeugwägelchens ziehen. Als Ballast legen Sie ein paar Steine hinein.

Unkraut

- Halten Sie das Unkraut nieder, indem Sie Streifen aus altem Teppichboden mit Juterücken zwischen die bepflanzten Reihen legen. Der Teppich verrottet nicht und kann über Jahre hinweg verwendet werden.

Selbstgemachter Gartenstuhl

- Nageln Sie ein Brettchen auf einen alten Farbeimer, wenn Sie im Sitzen Unkraut jäten wollen. Bequemer geht's nun wirklich nicht.

Vogelscheuchen

- So können Sie eine wirkungsvolle herstellen: Schneiden Sie einen Plastik-Müllbeutel in viele Streifen, und heften Sie ihn an den Rand eines Pappbechers. Der Becher wird auf einen mannshohen Holzstab genagelt und in den Garten gestellt.

Wenn der Wind die Plastikstreifen flattern läßt, kommen keine Vögel in die Nähe.

- Wenn Sie jedoch eine größere Fläche schützen wollen, spannen Sie eine Wäscheleine über die Beete und knüpfen daran die Plastikstreifen.
- Sie können auch Windräder an strategisch wichtigen Punkten aufstellen. Die Kinder werden sich darüber freuen, die Vögel weniger.

Schlauchhalter

- Wenn Ihr Gartenschlauch beim Gießen die Pflanzen an den Beeträndern umknickt, schützen Sie sie mit jeweils einem starken Pflock in den Beetecken, so daß der Schlauch umgeleitet wird.

Wenn Ihr Schlauch ein Loch hat

- Kleine Löcher lassen sich mit Isolierband flicken.

Transporthilfe

- Bewahren Sie einen langen Gartenschlauch zusammengerollt in einem runden Henkelkorb auf. Er läßt sich dann ohne Schwierigkeit tragen.

Zwei Paar Stiefel

- Wenn Sie in den Beeten arbeiten und müssen dennoch häufig wieder ins Haus und zurück in den Garten, versuchen Sie doch folgendes: Legen oder stellen Sie sich zwei große Plastiktüten an die Tür. Bevor Sie das Haus betreten, schlupfen Sie in die Tüten, und das Haus bleibt sauber. Vor der Rückkehr in den Garten werden die Tüten wieder an der Tür deponiert.

Trinkbrunnen Marke Eigenbau

- Ganz einfach: Ein Wasserhahn wird kopfüber installiert. Man kann auf diese Weise auch mit schmutzigen Händen seinen Durst löschen!

Eingesammeltes Laub abtransportieren

- Verwenden Sie ein altes Plastikplanschbecken.
- Oder ein altes Bettuch.

Golf im Garten

- Golfspieler haben es beim Garteln leichter, auch wenn sie sonst anderes Grün gewohnt sind. Die Golftasche auf Rädern – sonst für die Schläger verwendet – läßt sich auch für Schaufel, Rechen und Heugabel gebrauchen. In die Seitentaschen kommen Handschuhe und kleines Werkzeug. Die Golfkarre begleitet Sie überall hin bei der Arbeit.

Spalier anbringen

- Befestigen Sie das Spalier unten mit einem Scharnier-Gelenk und oben mit Haken und Ösen, damit man es leicht umklappen kann, wenn das Haus gestrichen werden muß.

Selbstgemachtes Spalier

- Erkundigen Sie sich bei Firmen, die Maschendrahtzäune versetzen, nach Reststücken. Diese können Sie bedeutend günstiger besorgen. Schon schmale Stücke sind eine große Hilfe für Kletterpflanzen.
- Sie können ein Rankgerüst aus Drahtkleiderbügeln auch selber machen. Besorgen Sie sich als erstes eine etwa 1,50 m lange Holzleiste, und befestigen Sie mit U-Haken die Drahtbügel so, daß die Haken der Bügel über dem vorhergehenden Bügel zu liegen kommen.
- Oder nehmen Sie Baustahlgewebe-Matten, die Sie grün anstreichen.

Motormäher überwintern

- Bevor Sie Ihren Motorrasenmäher für den Winter wegräumen, entleeren Sie den Tank vollständig, wischen mit Hilfe eines Drahtkleiderbügels und eines darum gewickelten Lappens den Tank sauber und verhindern damit, daß sich am Boden ein klebriger Bodensatz während der Winterzeit bildet.

Schutz vor Streusalz

- Salz verdirbt Rasen, Beeteinfassungen und Blumen! Streuen Sie auf den Gehwegen lieber Kies, den Sie vorher über dem Ofen erwärmt haben. Wenn das Eis geschmolzen ist, kann der Split zusammengekehrt und wieder verwendet werden.

Zu Potte kommen

Umtopfen

- Verwenden Sie nie einen Topf, der im Durchmesser mehr als 5 cm größer ist als der bisherige.
- Blühende Pflanzen sollten nie vor Ende der Blütezeit umgetopft werden.
- Um den Schock beim Umtopfen möglichst gering zu halten, wässern Sie die neue Erde gründlich.
- Tontöpfe sollten vor dem Umtopfen einige Minuten gewässert werden. Dadurch entzieht der Ton der Pflanzenerde keine Feuchtigkeit.

Wasserablauf bei Blumentöpfen

- Nehmen Sie zur Abdeckung des Bodenloches statt der Keramikscherben ein Stück Fliegengitter aus Plastik. Umtopfen wird damit zum Kinderspiel, weil die Wurzeln glatt durch das Gitter wachsen können.

Hängende Gärten

- Wenn Sie viele Blumentöpfe aufhängen, aber nicht für jeden einzelnen einen Haken in die Decke schrauben wollen, versuchen Sie folgendes: Bringen Sie einen sehr kräftigen Haken an jeder Seite des Fensters an, spannen Sie eine Stange oder Kette zwischen die Haken, und hängen Sie die Blumentöpfe der Reihe nach daran auf.

Kleine Pflanzen

- Versuchen Sie es mit einem Tablett aus Drahtgeflecht, in dessen Löcher Sie die Pflanzen stellen. Wenn gegossen werden muß, tragen Sie das ganze Tablett zum Spülbecken und wässern. Die Pflanzen müssen nicht einzeln herausgenommen werden.

Schwer zugänglich

- Eine Trinkflasche für Sportler – eine Plastikflasche mit einem gebogenen Trinkhalm – bewährt sich großartig, um schwer zugängliche Pflanzen zu gießen.

Praktische Hilfsmittel

- Benutzen Sie eine Bratenspritze, um überschüssiges Wasser aus großen Blumentöpfen abzusaugen, wenn diese schwer zu transportieren sind.
- Aber verwenden Sie dieses abgesaugte Wasser nicht zum Gießen anderer Pflanzen, für den Fall, daß eine Pflanze krank ist.

Blumentassen

- Haben Sie eine schöne, aber beschädigte Porzellantasse? Sie können sie mitsamt der Untertasse in einen wunderschönen Blumentopf verwandeln. Und gleich mehrere davon sehen auf der Fensterbank sehr attraktiv aus.

Blumen für Sie!

Wenn die Vase nicht paßt

- Ist die Vase zu groß, knüllen Sie eine Plastiktüte zusammen, binden sie lose mit Gummibändern fest und stopfen sie unten in die Vase.
- Oder nehmen Sie Murmeln aus Glas, was in einer Glasvase obendrein noch schön aussieht.
- Wenn der Strauß klein ist, können Sie ein gut ausgewaschenes Olivenglas in die Vase stellen. Mit Blumen und Wasser gefüllt, wird man es weder in einer getönten noch in einer Kristallglasvase wahrnehmen.
- Wenn die Blumen auch für die kleinste Vase zu kurz ist, legen Sie die Blüten in eine wassergefüllte Schale.

Kaffeedose als Vase

- Füllen Sie eine leere Kaffeebüchse mit Wasser. Stechen Sie für die Blumen Löcher in den Plastikdeckel und setzen ihn wieder auf die Dose. Dann stellen Sie die mit Blumen geschmückte Dose in einen dekorativen Korb oder in eine Schale.
- Oder Sie bekleben die Dose mit Deko-Folie.
- Oder streichen sie farbig an.

So bleiben Schnittblumen länger frisch

- Vielleicht haben Sie bisher eine Prise Salz oder eine zerdrückte Aspirintablette in die Vase gegeben. Versuchen Sie es jetzt einmal mit einem Chlorbleich-Mittel. Genau wie Salz und Aspirin hemmt Chlor das Vermehren von Bakterien im Wasser. Rosen bleiben damit länger frisch, Chrysanthemen behalten ihre kräftige Farbe, und Astern verwelken nicht so schnell, wenn Sie ein paar Tropfen dieser Bleichmittellösung dem Blumenwasser beigeben.
- Wußten Sie, daß Tulpen auch nach dem Schnitt noch weiter wachsen? Also wundern Sie sich nicht, wenn Sie für Ihren Strauß bald eine höhere Vase brauchen.

»Seerosen«

- Werfen Sie abgeknickte Rosen nicht weg. Schneiden Sie den Stiel ganz ab, und legen Sie die Blüten in eine flache Glasschale mit Wasser und einer Prise Zucker.

Blumenknospen

- Wenn Sie Blumen für ein festliches Arrangement oder für eine Einladung kaufen, können Sie diese schon zwei Tage vorher besorgen, wenn Sie knospige Blumen einkaufen. Sie werden dann zur richtigen Zeit voll erblühen.
- Sie können das Aufblühen dadurch beschleunigen, daß Sie die Blumen in warmes Wasser stellen.

Wie man bei Blumen Geld spart

- Wenn Sie zwei oder drei enghalsige Vasen zusammenstellen, ergibt das ein interessantes Arrangement mit nur sechs Blumenstengeln.

- Sie können auch Geld sparen, wenn Sie erst kurz vor Ladenschluß – besonders an Samstagen! – in den Blumenladen gehen. Manchmal bekommt man eine größere Anzahl zu einem günstigeren Preis. Aber seien Sie achtsam, denn die frischesten Blumen sind das bestimmt nicht mehr. Und sollten Sie diese Blumen für eine Einladung besorgt haben, sind es vielleicht die Blumen, die an diesem Abend noch vor Ihnen schlapp machen.

Der Alleskönner

Die besten Tips
für den Heimwerker

Winzige Zwinge für kleine Dinge

- Für sehr kleine geklebte Dinge eignen sich zum Festhalten während des Trocknens Ohrclips oder Ohrringe mit Schraube.

Anstelle einer Schraubzwinge

- Umwickeln Sie die reparierten Teile fest mit selbstklebendem Packband, bis der Kleber getrocknet ist. Das Band wirkt so gut wie eine Stahlzwinge.

Schmerzloses Nägeleinschlagen

- Halten Sie den Nagel zwischen den Fingern, aber so, daß die Handfläche nach oben zeigt. Dann sind Ihnen die Knöchel nicht im Weg.
- Stecken Sie den Nagel zwischen die Zinken eines Kammes.
- Oder machen Sie einen Schlitz in einen Pappdeckel, und halten Sie so den Nagel beim Einschlagen fest.

Ausguß verstopft

- Bei einem verstopften Ausguß an Spüle oder Waschbecken, den Sie mit einer Saugglocke bearbeiten wollen, müssen Sie die Überlauföffnung mit einem nassen Tuch verstopfen oder zuhalten.

Zangen

- Überziehen Sie doch die Griffe einer Zange mit einem Stück Gummischlauch. So können Sie bequemer und sicherer damit arbeiten.

Schraubenzieher

- Je dicker der Griff, desto besser die Kraftübertragung!

Der Blumentopf als Schleifstein

- Rasiermesserscharf kann man Messer am Rand eines Blumentopfes schleifen. Dabei soll die Schneide ganz flach am Rand entlang geführt werden.

- Für feineren Schliff: die Standfläche eines Porzellantellers.

Sägeblätter sicher aufbewahren
- Schneiden Sie ein passendes Stück Gartenschlauch der Länge nach auf, und stecken Sie es zum Schutz über das Sägeblatt.

Griffbereit
- Schrauben Sie mehrere Schraubhaken an die hölzerne Haushaltsleiter, dann sind Ihre Reinigungslappen stets aufgeräumt und griffbereit.

Reparaturen

Klebriges
- Wenn Sie den Verschluß von der Klebeflasche verloren haben, nachdem die Plastikspitze schon abgeschnitten wurde, stecken Sie die Kappe eines alten Kugelschreibers oder Filzstiftes darauf, und der Kleber wird nicht austrocknen.

Kleber-Ersatz
- Versuchen Sie es mit farblosem Nagellack für kleine Reparaturen.
- Eiweiß oder mit Wasser angerührtes Mehl gilt als brauchbarer Kleber für Papierarbeiten.

Schublade ohne Griff
- Ist der Griff oder Knopf von der Schublade abgebrochen, kann man diese mit einer Saugglocke – wie der Installateur sie zum Rohrereinigen verwendet – öffnen.

Drähte strecken
- Verbogene und geknickte Drähte ziehen Sie am besten durch die Zinken einer Gabel wieder gerade.
- Oder das eine Ende festhalten und ziehen und gleichzeitig mit einem kalten Bügeleisen glätten.

Ziernägel schützen

- Wenn Sie dekorative Ziernägel einschlagen wollen, kleben Sie Kreppklebeband auf den Hammerkopf, damit die Nägel dann immer noch dekorativ aussehen.

Sehen Sie doppelt?

- Wenn in Ihrem Fernseher das Bild doppelt erscheint, wickeln Sie Alufolie um die Zimmerantenne, bevor Sie den Reparaturdienst anrufen. Manchmal hilft's.

Mit Dübeln arbeiten

- Erwärmen Sie hölzerne Dübel zuerst im Ofen bei mittlerer Wärme, um alle Feuchtigkeit herauszubringen, bevor Sie sie benutzen. Bei ihrer Verwendung saugen sie dann die Luftfeuchtigkeit und auch die vom Leim auf, vergrößern sich dadurch und sitzen stramm.

Schleifprobleme

- Es ist viel einfacher – und schützt die Finger –, wenn ein kleines Werkstück auf einer festen Reibfläche geschliffen wird, als frei in der Hand. Kleben Sie also zu diesem Zweck ein Schleifpapier auf eine feste Unterlage, und reiben Sie den zu schleifenden Gegenstand darauf hin und her.
- Für schlecht zu erreichende kleine Flächen kleben Sie ein Stück Schleifpapier auf einen Eiscremestiel oder einen Holzspatel.

Einen kleinen Riß in der Vase kitten

- Suchen Sie sich eine farblich passende Wachskreide, halten Sie ein brennendes Streichholz darunter, und tropfen Sie das Wachs in den Riß. Nach dem Erkalten das überschüssige Wachs abkratzen.

Eingefrorene Rohre auftauen

- Lassen Sie die Rohre nur langsam auftauen, sonst platzen sie. Tauchen Sie einen Lappen in nicht allzu heißes Wasser, und wickeln Sie ihn um die gefrorene Stelle, bis das Eis geschmolzen ist.

- Oder stellen Sie eine Lampe mit einer 100 Watt-Birne über die eingefrorene Leitung.

Schluß mit beschädigten Wänden

- Stecken Sie an die Stelle, wo die Türklinke ständig an die Wand schlägt, einen Reißnagel in den Putz.
- Oder bekleben Sie den Türknopf oder die Klinke mit einem Stück Filz.
- Noch wirkungsvoller: Besorgen Sie sich entsprechende Türstopper, die entweder für die Wand oder für den Fußboden geeignet sind.

Wenn die Tür aufbleiben soll

- Im Notfall hilft ein Teelöffel, den man umgekehrt unter die geöffnete Tür steckt. Besonders gut ist diese Methode bei Teppichböden.

Keinen Schlag mehr

- Wenn Sie es satt haben, ständig diesen kleinen elektrischen Schlag zu bekommen, wenn Sie bei kaltem Wetter die Tür öffnen, wickeln Sie etwas Wollenes um die Türklinke.

Pinwand entlöchern

- Hier ist eine tolle Idee, wie man eine schon etwas betagte Kork-Pinwand wieder verschönert. Erst schleifen Sie die Wand mit sehr feinem Schleifpapier ab und sprühen sie dann mit klarer Möbelpolitur ein. Sie wird wieder wie neu!

Linoleum aufpolieren

- Kleine Kratzer und Brandflecken können Sie mit einem Autolackstift, die es ja in allen Farbschattierungen gibt, ausbessern. Die Farbe bleibt dran und übersteht auch oftmaliges Scheuern.

Selbstklebende Folie ohne Probleme

- Bewahren Sie die Folie vor der Verarbeitung im Tiefkühlfach auf, dann läßt sie sich leichter bearbeiten und schneiden.
- Wenn sich beim Aufkleben Blasen gebildet haben, schneiden

Sie sie x-förmig mit einer Rasierklinge ein, und drücken Sie dann die Folie vorsichtig wieder an.

- Wenn Sie die Schubfächer oder Schrankbretter damit bekleben, benutzen Sie einen Tafelschwamm zum Aufreiben. Es entstehen dann keine Falten und Blasen.

Zedernholzschrank wie neu

- Wenn Ihr Zedernholzschrank nicht mehr wie ein solcher duftet, schleifen Sie mit feinkörnigem Sandpapier die Oberflächen leicht ab. Dadurch werden die Holzporen wieder geöffnet, und das Zederholz riecht wieder so gut wie zuvor.

Schwebender Duschvorhang

- Duschvorhänge gleiten federleicht, wenn Sie die Stange mit etwas Vaseline einreiben. Dann mit einem Papiertuch gleichmäßig verteilen.
- Um zu verhindern, daß die Duschvorhänge beim Duschen herumflattern und sich um Ihre Beine wickeln, befestigen Sie kleine Magnete an den Ecken des Vorhanges, die ihn an der Badewanne festhalten.

Für die Bildergalerie

- Angelschnur aus Nylon ist so stark wie ein Stahlseil, aber man sieht sie fast nicht, wenn sie über den Rahmen herausschaut.
- Wenn das Bild ständig wackelt, weil ein Luftbefeuchter oder ein anderes Gerät in der Nähe läuft, kleben Sie zwischen Bilderrahmen und Wand ein doppelseitiges Teppichklebeband.
- Wenn alle Versuche gescheitert sind, ein schief hängendes Bild gerade zu bekommen, kleben Sie auf der Rückseite ein breites Gummi- oder Schaumstoffstück auf beide unteren Rahmenecken.
- Oder versuchen Sie das gleiche mit etwas Knetgummi. Drükken Sie dann den Rahmen fest an die Wand.
- Oder haben Sie auch schon mal an das gutbewährte Klettenband gedacht?

Damit der Rahmen die Wand nicht zerkratzt

- Drücken Sie Nägel mit gummibeschichteten Köpfen in die

rückwärtige, untere Rahmenleiste. Man bekommt diese Nägel im Installationsgeschäft.

- Oder kleben Sie flache Korkscheiben, die Sie von einem Flaschenkorken abgeschnitten haben, hinten auf den Rahmen.

Reflexfreies Glas

- Machen Sie sich Ihr – sehr preiswertes – reflexfreies Glas selber, indem Sie auf die Innenseite der normalen Scheibe eine Klarsichtfolie aufreiben.

»Buchhalter« ohne Ausrutscher

- Um die Buchstützen am Wegrutschen zu hindern, kleben Sie dünne Streifen Schaumstoff von ungefähr 3 mm Dicke darunter.
- Oder schneiden Sie sich ein Stück Gummiband zurecht, das zur Sicherung von Treppenläufern im Handel ist, und kleben Sie es unter die Stützen.
- Oder probieren Sie es mit doppelseitigem Klebeband.

Selbstgemachte Bücherstützen

- Zwei Ziegelsteine werden mit passendem wattiertem Stoff überzogen und, wenn Sie wollen, mit der Tapete farblich abgestimmt.

Es werde Licht!

Verlängerungskabel aufbewahren

- Biegen Sie einen Drahtkleiderbügel gerade, aber lassen Sie den Haken. Dann biegen Sie den Draht zum Haken hinauf, so daß eine lange Schlaufe entsteht, in die Sie das Kabel hängen können. Das Ganze in den Schrank oder an die Wand hängen.

Immer bereit!

- Verhindern Sie die Korrosion von Taschenlampenbatterien, indem Sie zwischen Spirale und Batterieboden ein Stück Alufolie legen.

Stromausfall

- Bemalen Sie den Griff Ihrer Taschenlampe mit Leuchtfarbe, um sie auch im Notfall in der Dunkelheit zu finden.
- Oder kleben Sie leuchtfarbene Klebestreifen um den Schaft.
- Wenn Sie während eines Stromausfalls Kerzen benutzen, setzen Sie sie in eine flache Schüssel mit Wasser, das die Helligkeit durch seine Reflexion etwas steigert.

Wärmendes Kaminfeuer

- Bei starker Kälte draußen empfiehlt es sich, die Abzugsklappe zum Schornstein am Ofen oder Kamin zu drosseln. Die Glut hält sich dann länger.

Außenbeleuchtung

- Mit einem Tupfer roten Nagellacks kennzeichnen Sie die Schalterposition für »an« und wissen nun auch bei Tageslicht, ob die Lampen noch brennen oder nicht.

Schlüssel finden

- Sie sollten leuchtfarbene Klebebänder beidseitig auf Ihre Haus- und Autoschlüssel kleben, dann finden Sie sie auch nachts in Ihrer Handtasche wieder.
- Wenn Sie sich immer wieder selber aussperren, nehmen Sie zwei Schlüssel mit. Einen am Ring und einen im Geldbeutel.

Wie man wohnt, so ist man

Teppichmaß prüfen

- Wenn Sie sich nicht sicher sind, welche Größe Ihr neuer Teppich haben soll, legen Sie so viele Zeitungen am Boden aus, bis Sie meinen, die richtige Größe herausgefunden zu haben. Dann abmessen und kaufen.

Teppichbodenkauf

- Böden, die entweder sehr helle oder sehr dunkle Farben haben, einfarbig und hochflorig sind, werden schneller fleckig, und man sieht auch leichter Fusseln als bei gemusterter Schlingenware, die leichter zu pflegen ist und lange hält.

- Ein fest verklebter Teppichboden hat eine wesentlich längere Lebensdauer, als einer, der nur mit doppelseitigem Klebeband punktweise haftet.

Läufer im Griff

- Rutscht Ihr Läufer weg? Kleben Sie doch einige Anti-Rutsch-Aufkleber für die Badewanne darunter.

Polstermöbel reparieren

- Risse können unsichtbar mit einem aufbügelbaren Flicken geschlossen werden. Den Flicken unter den Riß schieben, so daß die Klebeseite auf die Stoffrückseite zu liegen kommt, festhalten oder leicht heften und mit heißem Eisen festbügeln. Aber Vorsicht! Erst testen, ob der Polsterstoff auch die Hitze verträgt.

Ein Schaumstoffkissen beziehen

- Das Kissen klebt meistens an dem Stoff und läßt sich schlecht beziehen, stimmt's? Das wird es nicht mehr tun, wenn Sie eine passende Plastiktüte am Boden aufschneiden und über das Kissen ziehen. Jetzt rutscht der Kissenbezug leicht darüber, und die Hilfstüte kann wieder herausgezogen werden.

Schaumstoff schneiden

- Schaumstoff schneiden kann sehr frustrierend sein, aber hier ein Tip, wie es ganz einfach geht: Abmessen, einen Strich ziehen, ein scharfkantiges dünnes Brett oder ein Stahllineal anlegen und mit Ihrem Gewicht beschweren. Ein scharfes Messer befeuchten und an der Kante entlang schneiden.

Schwere Möbel rücken

- Heben Sie nur ein Ende des schweren Möbels hoch, und schieben Sie ein Skateboard darunter. So rollen Sie das Möbel an seinen neuen Standort.

Die richtige Strippe ziehen

- Damit Sie nicht immer raten müssen, welche der vielen Schnüre Sie zum Zuziehen der Gardinen benutzen müssen, markieren Sie den entsprechenden Zug mit durchsichtigem Klebeband oder mit einem dünnen farbigen Fädchen in Augenhöhe.

Den Blick versperren

- Eine provisorische Lösung, um Ihre Ungestörtheit im Badezimmer zu garantieren: Streichen Sie das Fenster mit einer Mischung aus 4 Eßlöffel Bittersalz und ½ l schalem Bier.
- Oder verhindern Sie den »Durchblick« mit einer Aquariumfarbe aus dem Zoogeschäft.
- Oder bemalen Sie es mit Wasserfarben, denen Sie ein paar Tropfen Geschirrspülmittel beigefügt haben.

Verschönerung am Fenster

- Die heruntergenommenen Stangen waschen und sie möglichst passend zur Fensterverkleidung streichen.
- Fenstergitter beschützen Sie zwar, sind aber nicht immer eine Zierde für den Raum. Streichen Sie sie weiß, so daß sie wie ein Gartengitterwerk aussehen. Stellen Sie Töpfe mit Winden oder anderen dekorativen Rankengewächsen aufs Fenstersims, und lassen Sie die Gitter damit beranken.
- Oder hängen Sie Kaffeehausgardinen im unteren Bereich des Fensters auf.

Privatbüro zu Hause

Die besten Schreibtisch-Tips

Adressenkartei

- Benutzen Sie doch ein Karteisystem statt eines Adreßbuches, um immer auf dem neuesten Stand zu sein. Außer den Adressen und Telefonnummern notieren Sie die Namen der Kinder Ihrer Freunde und Verwandten, die Geburtstage, Hochzeitstage etc.
- Wenn Sie alle Eintragungen in Bleistift schreiben, lassen sich alle Änderungen der Adresse, Telefonnummern etc. leicht und sauber korrigieren.

Postleitzahlen

- Lassen Sie das vorjährige Telefonbuch im Auto liegen. Es wird Ihnen von Nutzen sein, wenn Sie mal eine verlorengegangene Adresse nachsehen wollen.

Zahlungen per Scheck

- Vermerken Sie, wenn Sie mit Scheck bezahlen, immer Firma, Adresse, Datum und Nummer des Schecks, so daß Sie in Ihren Unterlagen immer einen Beleg dafür haben.
- Stellen Sie Schecks aus, bevor Sie den Betrag in Ihre Scheckliste eintragen? Wenn Sie es einmal andersherum versuchen, vergessen Sie weniger leicht, den Betrag zu notieren.

Laufende Zahlungen

- Hier ist eine gute Möglichkeit, Geld und Ärger zu sparen bei allen größeren Zahlungen, die halbjährlich fällig werden, wie z. B. Autoversicherung etc.: Zahlen Sie jeden Monat den anteiligen Betrag auf ein Sparkonto ein! Nach einem halben Jahr haben Sie den fälligen Betrag plus Zinsen zur Verfügung.

Briefmarkenspender selbstgemacht

- Schneiden Sie mit einer Rasierklinge oder einem scharfen Messer einen Schlitz in eine Arzneischachtel, stecken Sie einen aufgerollten Briefmarkenstreifen hinein, und ziehen Sie die Briefmarken bei Bedarf einzeln heraus.
- Neben dem Briefmarkendepot im Schreibtisch ist es oft sehr

hilfreich, auch noch einige Marken im Geldbeutel zu deponieren.

Packen wir's

- Bevor Sie ein Paket einpacken, schreiben Sie Namen und Adresse des Empfängers auf einen Zettel und befestigen diesen innen im Paket. Sollte irgendetwas mit der äußeren Verpackung und der dort angegebenen Adresse passieren, kann die Post das Paket trotzdem an die richtige Adresse weiterleiten.

Briefmarken lecken – kein Genuß!

- Lecken Sie statt der Briefmarke das Kuvert an jener Stelle, wo die Briefmarke kleben soll. So müssen Sie nicht den Leim schmecken, und die Marke hält außerdem noch besser.
- Oder spülen Sie einen leeren Deodorant-Roller aus, füllen die Flasche mit Wasser und benutzen diese zum Befeuchten der Marken. Bewahren Sie die Flasche immer im Schreibtisch auf.

Ein Kuvert wieder öffnen

- Es funktioniert zwar nicht immer, aber wenn Sie ein Kuvert noch einmal öffnen wollen, weil Sie etwas vergessen haben, drücken Sie die Klebestelle an eine heiße Glühbirne. Manchmal ist das Kuvert so zu öffnen.
- Oder halten Sie die Stelle über die Tülle eines kochenden Wasserkessels.

Nützliche Rückantwort

- Bewahren Sie frankierte Kuverts für Rückantworten auf, die Sie manchmal zusammen mit Werbesendungen bekommen. Sie brauchen nur die aufgedruckte Adresse mit flüssigem Tipp-ex zu überstreichen oder einen Aufkleber mit der neuen Adresse darüberzukleben.

Schluß mit den Eselsohren

- Bekommen Ihre Schreibblöcke auch immer Eselsohren oder aufgerollte Ränder? Wenn Sie die geheftete oder geleimte

Kante nach unten zu sich legen und das lose Blattende nach oben, bleiben die Seiten wie neu.

Korrekturband einmal anders

- Handgeschriebene Briefe müssen nicht völlig neu geschrieben werden, wenn Ihnen mal ein Schreibfehler unterlaufen ist. Legen Sie ein Stück Schreibmaschinen-Korrekturband auf die Fehlerstelle, und reiben Sie mit dem Kugelschreiber darüber. Die meisten Bänder sind weiß, aber es gibt auch welche in Pastelltönen, die zum Briefpapier passen.

Radiergummi auffrischen

- Wenn Radiergummis zu glatt geworden sind, schmirgeln Sie sie mit Sandpapier ab, und sie radieren wieder wie neu.

Bleistiftspitzer für Notfälle

- Nehmen Sie einen Kartoffelschäler.
- Oder ein scharfes Küchen- oder Taschenmesser.

Keine Büroklammern?

- Nehmen Sie eine lange Haarklammer. Sie hält die Papiere schön fest zusammen.
- Notenblätter fallen nicht vom Ständer, wenn Sie einen Haarclip zum Festhalten dafür benutzen.
- Wäscheklammern gehen auch.

Den Anfang beim Klebeband finden

- Dies hilft bei Klebefilm und bei Klebekrepp: Biegen Sie nach Gebrauch das Ende des Bandes ca. 1 cm nach innen um, dann verklebt es nicht mit der Rolle.
- Oder kleben Sie einen Pfennig ans Ende.
- Oder klemmen Sie eine Büroklammer daran.

Stecken Sie's weg

- Ein Schuhbeutel mit vielen Taschen, den man aufhängen kann, eignet sich gut zum Ordnen und Aufbewahren von Rechnungen. Bezeichnen Sie jede Tasche mit der Art seiner Verwendung, wie zum Beispiel »Auto«, »Kleidung«, etc.

Ordner-Kästen

- Machen Sie sich selber welche aus leeren Seifenpulverschachteln. Schneiden Sie die Oberseite schräg von vorn nach hinten ab, um besser an den Inhalt zu kommen, und verschönern Sie die Kästen mit selbstklebender Folie. Sehr gut für Zeitschriften- und Zeitungsartikel.

Ein praktischer Umblätterer

- Wenn Sie keinen Gummifinger zur Hand haben, wickeln Sie – aber nicht zu fest – ein Gummiband um den Zeigefinger.
- Oder nehmen Sie das Radierer-Ende Ihres Bleistiftes.

Nicht vergessen!

- Wenn Sie etwas Wichtiges zu erledigen haben oder eine Verabredung nicht vergessen dürfen, tragen Sie Ihre Armbanduhr auf dem anderen Handgelenk als sonst üblich. Das wird sich merkwürdig anfühlen und Sie ständig an Ihr Vorhaben erinnern.
- Neigen Sie dazu, Einkaufszettel ständig zu verlieren oder zu vergessen? Stecken Sie den Zettel gleich nach dem Aufschreiben in einen Kofferanhänger mit Sichtfenster, und hängen Sie ihn an Ihren Autoschlüsselbund. So werden Sie ihn bestimmt nicht vergessen können.

Waschtag

Die besten Tips für Waschen und Bügeln

So geht die Farbe raus

- Verwenden Sie Terpentin oder Terpentin-Ersatz bei angetrockneten Flecken von Latex-Lackfarbe auf der Kleidung. Direkt auf den Fleck auftragen, einziehen lassen und dann waschen.

Schweißgeruch entfernen

- Es gibt nichts besseres als Essig. Halten Sie eine Sprühflasche voll Essig stets griffbereit in der Waschküche, und behandeln Sie sehr stark verschwitzte Kleidungsstücke damit vor der Wäsche.
- Essig eignet sich ebenfalls gut, um glänzende Sitzstellen bei dunklen Hosen oder Röcken zu beseitigen.

Kalte Wäsche

- Damit keine Seifenrückstände an der Wäsche bleiben, lösen Sie das Seifenpulver oder die Seifenflocken vorher in einem Gefäß mit heißem Wasser auf, bevor Sie es in das kalte Waschwasser geben.

Verdreckte Jeans

- Wenn die Jeans so richtig schmutzig sind, breiten Sie sie auf dem Rasen aus, und spritzen Sie sie erstmal tüchtig mit dem Gartenschlauch ab, bevor sie mit der übrigen Wäsche zusammen gewaschen werden.

Schuhbänder waschen

- Stecken Sie die Bänder mit einer Sicherheitsnadel an ein Handtuch, damit sie in der Maschine nicht verlorengehen oder sich verheddern.
- Wenn die Schuhbänder besonders schmutzig sind, sollten Sie sie vor dem Waschen erst einmal einen Tag lang in einer Bleichlösung einweichen.

Fransen

- Um zu verhindern, daß lange Fransen sich beim Waschen verknoten, binden Sie jeweils sechs Stränge mit einer Schnur an den oberen Enden zu einer großen Quaste zusammen.

Empfindliche Babykleidchen

- Stecken Sie die Kleider mit Zierbändern und Applikationen in ein sauberes Einkaufsnetz, und waschen sie dann alles zusammen mit der Feinwäsche und einem milden Waschmittel.

Denk an den Fleck!

- Ein Knoten im Hosenbein oder Ärmel wird Sie daran erinnern, daß da ein Fleck besondere Behandlung erfordert.

Einweich-Eimer

- Halten Sie einen großen Eimer mit Deckel, den Sie mit einer Vorwaschlösung füllen, in der Waschküche bereit. Sammeln Sie darin die stark verschmutzte Wäsche, bis Sie eine ganze Waschmaschinenfüllung beisammen haben.

An die Leine damit!

Das Waschen der Wäscheleine

- Zu diesem Zweck stecken Sie die zusammengerollte Leine in einen Kopfkissenbezug, binden diesen mit einem Band oder auch Gummiband zu und waschen das Ganze in der Maschine.

Viele gute Aufhänger

- Tisch- und Bettdecken: Um Knicke und Falten zu vermeiden, ziehen Sie Papprollen – von Papierhandtüchern – über die Wäscheleine und hängen darüber die großen Tücher bzw. Decken. Die Rollen müssen aber mit Klarsichtfolie überzogen sein, sonst macht die Pappe Flecken.
- Waschbare Teppiche: Hängen Sie diese mit der Rückseite nach außen über die Leine, so daß der Flor bzw. die Schlingen aneinander reiben und sich dabei wieder aufrichen können.
- Bettücher: Hängen Sie große Bettücher über zwei parallele

Leinen. Sie trocknen dann schneller, flattern weniger, und auch das Gewebe wird weniger strapaziert.

- Hauchdünne Vorhänge und Stores: Wenn Sie sie an einem windigen Tag draußen aufhängen, beschweren Sie den unteren Saum mit Wäscheklammern.

Wußten Sie schon?

- Ihre Wäsche kann sehr leicht ruiniert werden, wenn Sie sie in gefrorenem Zustand von der Leine nehmen und dabei zusammenlegen. Das Gewebe kann dabei brechen.

Schnelleres Trocknen im Haus

- Stellen Sie einen Heizlüfter in 1 m Entfernung von der Wäsche auf und schalten ihn auf höchste Stufe. Dabei soll die Heißluft parallel zur Wäsche entlangstreichen und nicht senkrecht.
- Noch effektiver ist die Trockenwirkung, wenn Sie den Heizlüfter auf den Boden stellen, denn die warme Luft steigt nach oben und trocknet somit auch die großen Wäschestücke.

Weich und trocken

Weichmacher

- Tränken Sie einen sauberen Staublappen mit einem Weichmacher, und lassen Sie ihn trocknen. Geben Sie ihn mit der Feinwäsche in die Maschine für sparsamen und gleichmäßigen Gebrauch. Ein so behandelter Lappen tut ebenfalls gute Dienste im Trockner.

Schnelleres Trocknen von Handwäsche

- Werfen Sie ein sauberes, trockenes Badetuch mit Ihrer nassen Handwäsche in den Trockner. Das Handtuch nimmt die Feuchtigkeit auf, und der Trockenvorgang geht schneller.

Große Knöpfe im Trockner

- Bevor Sie Wäschestücke mit großen Knöpfen in den Trockner geben, wenden Sie die Stücke und knöpfen Sie sie zu, so daß die Knöpfe nicht gegen die Trocknerwände schlagen und kaputtgehen.

Kein Geklapper

- Damit Schnallen vom Overall o. ä. nicht im Trockner oder in der Waschmaschine wild herumschlagen können, stecken Sie sie in die Gesäßtaschen und befestigen sie mit Sicherheitsnadeln.
- Um ganz sicher zu gehen, nehmen Sie die Schnallen vor dem Waschen herunter.

Schnelles Pullovertrocknen

- Spannen Sie im Winter eine Hängematte in der Waschküche auf, und trocknen Sie darauf die Pullover oder andere wollene Handwäsche. Die weiten Maschen der Hängematte lassen die Luft weit besser zirkulieren, als eine feste Unterlage.
- Oder legen Sie den gewaschenen Pulli auf einem Handtuch oben auf den Trockner, während andere Wäsche darin getrocknet wird. Die aufsteigende Wärme läßt den Pullover schneller trocknen.

Wenn neues Chenille stark fusselt

- Tagesdecken, Vorhänge oder Bettvorleger aus Chenille werden für 5 bis 10 Minuten in trockenem Zustand ohne Hitze in den Trockner gegeben.

So gehen die Falten raus

- Neue Decken, Tischtücher und Vorhänge: Zusammen mit einem großen feuchten Handtuch 10 Minuten lang auf mittlerer Stufe im Trockner lassen.
- Neue Duschvorhänge und Plastiktücher: Ebenfalls zusammen mit einem großen feuchten Handtuch in den Trockner geben, aber den Schalter nur auf »Gebläse« stellen.

Das Flusensieb reinigen

- Halten Sie dazu einen dieser netzartigen Topfreiniger bereit. Wenn der Flusenfang dann gereinigt werden muß, ist das mit einem kurzen Wischer erledigt.

Noch mehr Aufhänger

- Wenn Ihre Waschküche keinen Platz hat, um Leinen zu spannen, lösen Sie das Problem, indem Sie in die niedrige Decke Schraubhaken schrauben und daran die Leine befestigen.

Schnell gestärkt

- Wenn Sie viel Wäsche zu stärken haben, sprühen Sie die Stärke auf, solange die Wäsche noch naß auf der Leine hängt. So können Sie die Wäsche von beiden Seiten besprühen und sie gleich bügelfertig machen.

Stärken von dunkler Baumwolle

- Sprühen Sie die Stärke auf die Rückseite eines dunklen Wäschestücks, um Flecke und Glänzen beim Bügeln zu vermeiden.

Cordsamt stärken

- Wenden Sie häufig gewaschene Cordsamthosen, und sprühen Sie die Stärke auf die Innenseite auf, bevor Sie zu bügeln beginnen. Das gibt dem Stoff mehr Form.

Vorleger und Fleckerlteppiche stärken

- Intensives Stärken bewirkt, daß diese Teppiche flach am Boden liegen bleiben und sich an den Ecken nicht aufbiegen.

Stärkereste vom Bügeleisen entfernen

- Fahren Sie mit dem Eisen über ein Stück Alufolie oder über ein mit Salz bestreutes Papier. Dieser Tip gilt nicht für teflonbeschichtete Bügeleisen!
- Oder entfernen Sie die klebende Stärke mit etwas Alkohol (ca. 50%).
- Oder versuchen Sie dieses: Heizen Sie das Bügeleisen auf, fahren Sie damit über einen kleinen, weichen Lappen. Schalten Sie es dann aus, und wenn das Eisen abgekühlt ist, reinigen Sie es mit einem sehr feinen Poliermittel von den letzten Resten.

- Oder lassen Sie das Eisen abkühlen und tragen Silberpolitur auf. Mit einem feuchten Tuch abwischen und trocken reiben.

Mehr Dampf!

- Ersparen Sie sich unnötige Lauferei, indem Sie eine saubere Plastikflasche mit Wasser gefüllt griffbereit am Bügelplatz stehen haben und so schnell das Dampfbügeleisen wieder auffüllen können.

Das warme Wasser macht's

- Die Wäsche wird schnell und gleichmäßig angefeuchtet, wenn Sie zum Besprengen warmes Wasser verwenden. Man kann auch eher mit dem Bügeln beginnen, da das warme Wasser das Gewebe schneller durchdringt.

Stores wie neu

- Wenn die gebügelten Stores nicht gerade hängen wollen, schieben Sie eine Vorhangstange durch den unteren Saum, und lassen Sie das ein paar Tage so hängen. Wenn dann die Stangen wieder entfernt worden sind, hängen auch die Gardinen gerade.
- Oder legen Sie eine Bleischnur, die man zu diesem Zweck im Fachhandel kaufen kann, in den unteren Saum, wenn Sie die Gardinen oft waschen müssen.

Bügeltuch

- Musselin oder Leinen sind am besten als Bügeltuch zu gebrauchen. Es fusselt nicht und hält gerade so viel Feuchtigkeit, daß die gebügelten Sachen nicht zu naß werden.

Aufgebügelte Flicken

- Solche Flicken halten länger, wenn Sie das Kleidungsstück mit dem Flicken vor dem Bügeln und Tragen in kaltem Salzwasser einweichen.

Bügelbrettbezug

- Reparieren Sie abgenutzte Stellen und Risse am Bezug mit aufbügelbaren Flicken.

- Wenn der Bügelbrettbezug gewaschen worden ist, ziehen Sie ihn noch feucht wieder über das Brett, dann sitzt er weich und fest.

Das vielgenutzte Bügelbrett

- Sie können es als Buffet-Tisch – sowohl drinnen als auch draußen – verwenden, wenn Sie ein Tischtuch darüberlegen.
- Oder als verstellbaren Tisch für einen Kranken im Bett.
- Oder als zusätzliche Ablage, wenn Sie viel Schreibarbeit zu erledigen haben. Dann auf die Höhe des Schreibtisches einstellen.
- Oder lehnen Sie es sicher an die Wand, und benutzen Sie die schräge Fläche zur kleinen Verschnaufpause oder zum Hochlegen der Beine.

Auch hier muß Ordnung sein

Zeitsparen durch richtiges Wäscheaufhängen

- Hängen Sie doch die Wäsche gleich so auf, daß die Bügelwäsche beisammen ist, und dann die Wäsche, die nur zusammengelegt werden muß.
- Streichen Sie die Ränder der Bettlaken gleich beim Aufhängen glatt. Das spart Zeit beim Bügeln.
- Trikotwäsche und T-Shirts gleich in Längsrichtung vor dem Aufhängen strecken, dann bleiben sie in Form und werden nicht ständig breiter und dabei kürzer.

Team-Work

- Besorgen Sie für jedes Familienmitglied einen andersfarbigen Wäschekorb, und jeder ist dann für den seinen verantwortlich.

Jedem seine Jeans

- Haben Sie Schwierigkeiten, die verschiedenen Jeans auseinanderzuhalten? Schreiben Sie mit einem waschechten Stift oder Filzschreiber die Initialen der betreffenden Besitzer auf die Innentaschen oder in den Bund.

Bett-Strategie

- Wenn Sie Bettlaken für verschieden große Betten kaufen, nehmen Sie doch für jedes eine andere Farbe, und Sie wissen immer, welches wohin gehört.

Mit Farbe und Kleister

Die besten Tips fürs Renovieren

Möbelstücke abbeizen

- Stellen Sie Dosen unter jedes Bein des Möbelstücks, um die tropfende Beize aufzufangen. Das schützt nicht nur den Fußboden, Sie können außerdem die übriggebliebene Beize weiterverwenden.

Alte Farbe aus Schnitzwerk entfernen

- Tauchen Sie eine Schnur in einen Farbentferner. Halten Sie beide Enden fest, und scheuern Sie damit die Farbe aus den Vertiefungen, indem Sie die Schnur hin und herziehen.

Keine beschmierten Farbdosen mehr

- Streifen Sie ein dickes Gummiband, z. B. von einem Einweckglas, senkrecht über die Dose, so daß sie »geteilt« ist. Nehmen Sie den Gummi zum Abstreifen der überschüssigen Farbe am Pinsel, und die Dosenränder bleiben sauber. Dadurch ist auch der Deckel später wieder leichter zu öffnen und zu schließen.

So geht's einfacher

- Schöpfen Sie mit einer metallenen Suppenkelle die Farbe aus dem Eimer in ein kleineres Malgefäß.

Duschvorhänge als Auslegeware

- Bewahren Sie alte Duschvorhänge auf. Sie sind viel fester und sinnvoller zum Abdecken des Fußbodens beim Malen als die gekauften Folien.

Farbmuster ausprobieren

- Wenn Sie Schwierigkeiten haben sich vorzustellen, wie eine neue Farbe an der Wand wohl aussehen würde, kaufen Sie nur eine kleine Menge von der Farbe, und streichen Sie ein Stück Papier oder Pappe von mindestens 40 x 50 cm oder größer damit an. Halten Sie es an verschiedene Stellen der Wand, um die unterschiedliche Wirkung je nach Beleuchtung zu prüfen.

Streifen ziehen

- Kleben Sie zwei parallel laufende Kreppklebebänder auf die Fläche im gewünschten Abstand, und malen Sie den Zwischenraum aus.

Rutschige Kellerstufen

- Mischen Sie etwas Sand in die Farbe, dann sind die Stufen erheblich sicherer zu begehen.

Bilderrahmen anstreichen

- Kleben Sie mit Klebeband einen langen, flachen Stab – ähnlich einem Meterstab – hinten an den Rahmen an. Die Leiste sollte etwa 25 cm länger sein als der Bilderrahmen hoch ist, so daß Sie ihn wie ein Paddel anfassen können. Halten Sie den Rahmen an seinem »Griff«, wenn Sie ihn anstreichen. Den Stab abnehmen, wenn der Rahmen trocken ist. Er wird aussehen wie neu.
- Oder hängen Sie den Rahmen am Haken mit einer festen Schnur irgendwo auf, daß er nirgendwo anstößt, und streichen Sie ihn unbeschadet an.

Einbauschränke aufhellen

- Unansehnliche Schränke streichen Sie mit hochglänzendem weißen Lack. Das macht gleich viel mehr her.

Schränke und Schränkchen streichen

- Bemalen Sie erst das Innere und alle Außenflächen, bevor Sie mit den Türen und Rahmen beginnen. So wird nichts verschmiert, und Sie streichen sich nicht die Arme mit an.

Auch Schubladenknöpfe sollen schön sein

- Drehen Sie die Knöpfe heraus, und stecken Sie das Schraubende in einen Flaschenhals. Besprühen oder streichen Sie nun die Knöpfe von allen Seiten, und Sie behalten dabei saubere Finger.
- Oder ziehen Sie dünne Einweg-Handschuhe oder Plastiktüten über, bemalen Sie den Knopf oder Griff und stellen ihn zum Trocknen dann in den Flaschenhals.

Heizkörper streichen

- Wollen Sie die Heizkörper streichen, machen Sie die Heizung an, damit sie leicht erwärmt sind. Stellen Sie nach dem Anstrich die Temperatur noch höher, denn »eingebrannter« Lack hält länger.

Kühlschrank übermalen

- Vor dem Streichen die alte Farbe mit feinem Schmirgelpapier abschmirgeln, dann mit Kunstharz-, Emaille- oder mit Hochglanzlack streichen. Für besonders gute Oberflächen zweimal streichen, aber dazwischen immer leicht schleifen.

Haarrisse an weißen Wänden überdecken

- Mischen Sie eine streichfähige Paste aus gleichen Teilen Salz und Wäschestärkepulver und etwas Wasser. Diese Paste mit einem weichen, feinen Aquarellpinsel auftragen.

Spachtel-Ersatz

- Nehmen Sie einen Büchsenöffner mit einer Spitze für Saftbüchsen, um losen Putz aus Rissen zu entfernen, bevor Sie die Stellen dann mit Spachtelmasse füllen und glätten.

Ersatz für fertige Spachtelmasse

- Mischen Sie Weißleim mit ganz fein zerrissenen Papiertaschentüchern. Abwechselnd Leim und Papierschnipsel zugeben und solange durchkneten, bis diese Mischung eine kittähnliche Konsistenz hat.

Düsen von Sprühdosen reinigen

- Halten Sie ein kleines Gläschen mit Kunstharz-Verdünnung bereit, in das Sie die Düsen gleich nach Gebrauch legen. Die Verdünnung bewirkt, daß die feine Düsenöffnung nicht verklebt, und so haben Sie stets saubere, gebrauchsfertige Düsen für Ihre nächste Arbeit parat.

Falls die Farbdose umkippt

- Wenn Sie eine Farbdose wieder verschließen wollen, legen Sie einen Lappen über den Deckel und klopfen ihn erst dann zu. Nun kann die Farbe nicht auslaufen.

Schnellreinigung

- Schützen Sie den Eimer, in den Sie die Farbe gießen, mit einer Plastiktüte oder einem Mülleimerbeutel. Wenn die Malerarbeit beendet ist, brauchen Sie nur die Tüte wegzuwerfen, und Sie haben einen sauberen Eimer.

Farben sicher aufbewahren

- Vorsicht! Farben dürfen niemals in einem Heizungskeller oder Boilerraum aufbewahrt werden. Die Temperaturen können dort so ansteigen – besonders im Sommer –, daß die Lösungsmitteldämpfe sich entzünden können.
- Alle Kunstharzfarben und Lacke enthalten solche Lösungsmittel, ebenso viele Kleber. Entsprechende Hinweise sind auf den Dosen vermerkt.
- Farben sollten auch möglichst nicht einfrieren, weil sonst ihre Qualität leidet. Also nicht im freistehenden Schuppen, sondern lieber im kühlen Keller lagern.

Schmerzloses Reinigen der Hände

- Reiben Sie Ihre Hände vor der Malerarbeit mit einer zinkhaltigen Babycreme ein (z. B. Penaten), dann läßt sich Dispersionsfarbe mit Wasser und Lackfarbe schmerzlos mit einem Reiniger abwischen.

Immer an der Wand lang

Kork vor Tapete

- Unebene Wandflächen sollte man mit Korkplatten tapezieren, dann fallen die Unebenheiten nicht mehr auf, und außerdem isoliert Kork noch gegen Schall und Wärmeverluste.

Alles zur Hand

- Tragen Sie beim Tapezieren eine Handwerkerschürze oder einen Overall mit vielen Taschen, dann haben Sie immer alles Werkzeug zur Hand und müssen nicht dauernd die Leiter rauf- und runterklettern.

Kleine Tapetenmuster sind günstiger

- Da die Muster einer Tapete passend geklebt werden müssen, ist es ratsam und sparsamer, ein Muster zu wählen, das sich alle 20 cm wiederholt, als eines mit einem Rapport von 60 und mehr Zentimetern.

Kleister ohne Klumpen

- Den Kleister vor Gebrauch mit einem Schneebesen durchrühren, dann sind auch die Luftblasen entwichen.

Bunter Kleister

- Färben Sie den Kleister mit etwas Lebensmittelfarbe, damit Sie besser sehen können, ob auch die Tapete bis ganz zum Rand bestrichen ist.

Im Notfall geht's auch ohne Kleister

- Nehmen Sie etwas Eiweiß zum Kleben, wenn die Tapete anfängt, sich an den Rändern zu lösen.
- Oder versuchen Sie es mit etwas Zahnpasta.
- Oder ziehen Sie die Tapete soweit wie möglich – ohne daß sie zerreißt – von der Wand ab, und pinseln Sie weißen Holzleim dünn auf die Wand und auf die Tapetenrückseite. Dann drükken Sie die Tapete wieder fest an. Mit einem Schwamm wischen Sie den überschüssigen Leim ab und drücken die geklebte Stelle noch einige Minuten gut an.

Wandhaken und Dübel übertapezieren

- Stecken Sie Zahnstocher in die leeren Löcher oder Dübel. Beim Übertapezieren die Zahnstocher durch die Tapete drücken, dann finden Sie anschließend die Löcher bzw. die Dübel wieder.

In Heizkörpernischen tapezieren

- Wenn der Heizkörper mindestens 5 cm vor der Wand montiert ist, geht das Tapezieren sehr gut: Streichen Sie soweit wie möglich mit der Tapezierbürste die Tapete hinter den Heizkörper. Wenn Sie nicht mehr weiter hinunterlangen können, wickeln Sie für den Rest ein Handtuch um einen Stock und machen damit weiter.

Wie man eine schiefe Kante ausgleicht

- Wenn die Tapete oben an der Decke nicht gerade abschließt, überkleben Sie die Kante mit einer passenden Randleiste.

Rupfentapete

- Wenn Sie Rupfen ohne Papierrücken verwenden wollen, dürfen Sie den Kleister nur auf die Wand auftragen, keinesfalls auf den Rupfen! Die Bahnen müssen mindestens 1 ½ cm Überdeckung haben.

Noch mehr Tapeten-Ideen

- Tapezieren Sie eine Wand doch einmal mit Land- oder Seekarten.
- Oder mit schönen Titelseiten von Zeitschriften.
- Oder mit Weinetiketten.
- Oder mit Puzzles.
- Oder mit alten Kino-Standphotos.
- Mit Poster.
- Mit Teppichfliesen.
- Mit Speisekarten.
- Und für die ganz Unerschrockenen: mit einer Sammlung Streichholzbriefchen.

Geheimnisse aus dem Nähkörbchen

Die besten Handarbeits-Tips

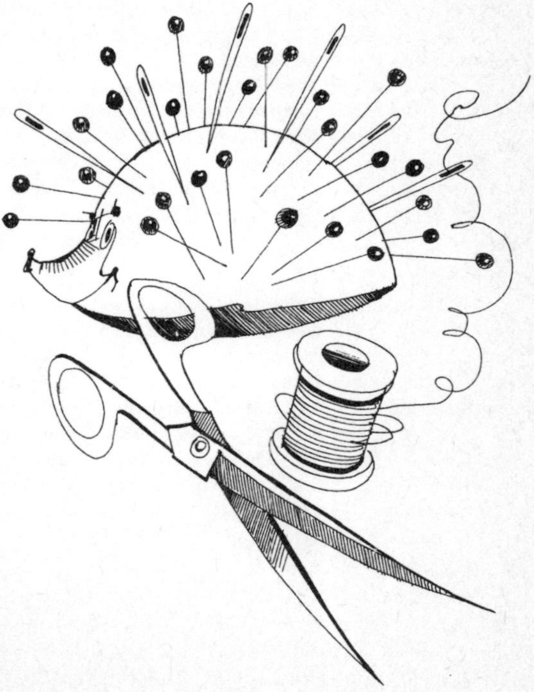

Den richtigen Stoff finden

- Stellen Sie sich vor den Spiegel, und drapieren Sie sich den Stoff über die Schulter, um festzustellen, ob Farbe und Stoffqualität Ihrem Typ und Ihren Vorstellungen entsprechen.

Neue Stoffquellen

- Ist in der Kleiderstoff-Abteilung nichts Verlockendes für Sie dabei gewesen, dann prüfen Sie doch mal die Dekorationsstoffe in der Gardinenabteilung des Kaufhauses.
- Oder schauen Sie bei der Wäscheabteilung vorbei.
- Oder fragen Sie in einem Dekorationsgeschäft nach Resten von Möbelstoffen, die vielleicht billiger verkauft werden.
- Die günstigste Quelle für den Stoffeinkauf ist der Ausverkauf. Da kann man sich zweimal im Jahr mit entsprechend größeren Mengen eindecken und aus seinen »Lagerbeständen« zu Haus immer etwas Schönes zaubern.

Machen Sie sich's leicht

- Gleichmäßig starkgemusterte Stoffe und solche in dunklen Farben sind leichter zu verarbeiten, als helle Stoffe, bei denen man jeden Fehler gleich sieht.
- Für ungeübte Näherinnen ist zu empfehlen, das Erstlingswerk mit einem sehr preiswerten Stoff – möglichst mit einem griffigen Baumwoll- oder Wollstoff – zu beginnen. Wenn der Versuch nicht voll befriedigt, kann man leicht etwas anderes daraus fertigen, und es reut einen nicht so sehr, als wenn man einen teuren Stoff verpfuscht hat.

Wieviel Stoff?

- Um herauszufinden, wieviel Stoff Sie brauchen, falten Sie ein Bettlaken, denn es hat die gleiche Breite wie ein doppeltbreit liegender Stoff (140–150 cm). Legen Sie die Schnitteile darauf, und messen Sie dann die Länge des benötigten Stoffes.
- Bei 80 – 90 cm brauchen Sie dann die doppelte Länge.

- Kaufen Sie gleich die zwei- bis dreifache Menge Stoff, zumal, wenn er besonders preiswert ist. Sie haben dann die Möglichkeit, Ihre Garderobe vielseitig zu gestalten. Zum Rock die gleiche Bluse für den Sommer oder eine Kombination aus Rock, Weste, Hose, Jacke oder Mantel. Jedes Teil kann man ergänzend schneidern, und alles paßt zusammen.

Bevor Sie zuschneiden

- Vergewissern Sie sich vor dem Zuschneiden, daß auch alle Teile bei einem Stoff mit »Strich« (z. B. bei Cord, Samt und manchen Wollstoffen) in der richtigen, gleichen Richtung liegen. Auch daß das Muster richtig zusammenpaßt.

Vorsicht! Tisch!

- Legen Sie ein Plastiktuch auf den Zuschneidetisch, um ihn vor Kratzern mit der Schere zu schützen. Außerdem gleitet die Schere besser auf dem Kunststoff, und das Schneiden geht dadurch leichter.

Vorn und hinten nicht verwechseln

- Wenn Sie die Vorderteile mit einer glatten, das Rückenteil aber mit einer gezackten Schere schneiden, können Sie die Teile beim Zusammennähen nicht verwechseln.

Damit nichts verrutscht

- Legen Sie Packpapier unter die Naht von sehr schwierig zu nähenden Stoffen wie Nylon-Trikot oder dünne, feine Seiden (Crêpe de Chine), und nähen Sie beides zusammen. Der Stoff wird besser durch die Maschine transportiert, und das Papier läßt sich danach leicht abreißen.
- Wenn Sie solche feinen Stoffe verarbeiten, machen Sie es sich leichter, wenn Sie eine Frotteeschürze tragen, weil dann Ihre Näharbeit nicht vom Schoß rutscht.

Keine Zeitverschwendung

- Markieren Sie den Saum mit Schneiderkreide und befestigen ihn dann mit Haarklips! Sie brauchen nicht zu stecken oder zu heften, und es bleiben keine Löcher im Stoff.

Scharfe Bügelfalten

- Bügeln Sie die Hosenfalten schon vor dem Zusammennähen in den Stoff ein.

Bügelhilfe

- Wenn Sie während des Nähens viel zu bügeln haben (ein anderer Tip: Gut gebügelt ist halb genäht!), stellen Sie doch das Bügelbrett in gleicher Höhe rechtwinklig zu Ihrem Nähtisch. Sie arbeiten dann zeit- und energiesparend und brauchen nicht immer aufzustehen.

Genau gleichgroße Stiche

- Wenn Sie von Hand nähen wollen, lassen Sie den Stoff an der Naht ohne Faden durch die Maschine laufen. Nun brauchen Sie nur noch den vorgezeichneten Punkten mit der Nähnadel zu folgen.
- Diese Arbeitsweise ist eine große Hilfe bei Lederarbeiten. Dazu eine sehr kräftige (100er) oder eine speziell geschliffene Ledernadel verwenden!

Flotteres Nähen

- Ziehen Sie den Faden über ein Stück Wachs, z. B. einen Kerzenstummel, dann läuft er leichter beim Nähen per Hand und ist außerdem noch haltbarer.

Weniger Wirrwarr mit doppeltem Faden

- Machen Sie in jedes Fadenende einen Knoten!
- Oder ziehen Sie den Faden über ein mit Weichmacher getränktes Tuch.

Spule aufwickeln

- Markieren Sie den Faden mit einer Kontrastfarbe (Filz- oder Farbstift, nachdem Sie ihn einige Meter als Unterfaden für die Nähmaschine aufgespult haben. Sie wissen dann genau, wann der Faden zu Ende ist: nämlich dann, wenn dieses Zeichen wieder erscheint.

Immer die richtige Nähgarnfarbe

- Halten Sie einige Spulen farbloses Nylongarn bereit, denn das paßt immer.
- Sollte das Genähte später kochbar und zu bügeln sein, lassen Sie vom Nylongarn aber lieber die Finger weg. Der Faden schmilzt beim Bügeln und hinterläßt nur kratzige Reste, besonders bei Baumwoll- und Leinenstoffen, die mit großer Hitze gebügelt werden müssen.

Rückgewinnung von Spulengarn

- Anstatt den verbliebenen Faden auf einer Spule abzuwickeln und wegzuwerfen, damit Sie ein anderes Garn aufspulen können, winden Sie den letzten Rest auf eine leere Garnrolle, und benutzen Sie ihn als Handnähgarn.
- Kaufen Sie sich noch zusätzlich 6 bis 8 Unterspulen für Ihre Maschine – die sind nicht teuer –, und bewickeln Sie sie mit Ihren gängigsten Garnen, dann ist immer der passende Farbton zum Obergarn zur Hand.

Spulen aufbewahren

- Benutzen Sie zum Aufbewahren leere Pillenschachteln.
- Oder schlagen Sie viele Nägel in ein schmales Brett und hängen die Spulen darüber. Befestigen Sie das Brett am Nähplatz an der Wand oder im Nähschrank an der Innenseite der Tür. Garnrollen können dort auch aufgehängt werden.

Knöpfe annähen

- Kleben Sie mit einem Tropfen weißen Leim die Knöpfe an ihrem Platz fest, bevor Sie sie annähen. Der Kleber läßt sich aus fast allen Stoffen herauswaschen – aber um sicher zu gehen, probieren Sie es erst einmal an der Stoffrückseite oder an einem Musterlappen aus.

Verstärkung unter Knöpfen

- Legen Sie ein kleines Stoffstück zwischen Futter und Oberstoff, um die Stelle zu verstärken, wo der Knopf festgenäht werden soll. Dies besonders, wenn schon kleine Löcher von ausgerissenen Knöpfen zu überdecken sind.

Knöpfe an schweren Stoffen

- Nehmen Sie dafür statt Garn oder Zwirn Angelschnur, die mit 3 bis 5 Kilo belastbar ist.

Knöpfe mit Stiel reparieren

- Wenn der Stiel eines besonders schönen Knopfes abgebrochen ist und Sie keinen Ersatzknopf haben, nähen Sie an die betreffende Stelle einen kleinen flachen Knopf an, und kleben Sie den schönen einfach obendrauf.

Wer hat den passenden Knopf?

- Damit Sie nicht nach einem passenden Knopf lange suchen müssen, wenn mal einer verlorengeht, nähen Sie gleich ein bis zwei Extraknöpfe in Reserve auf den rückwärtigen Saum oder innen auf die Knopfleiste.

Knopflöcher markieren

- Für handgenähte Knopflöcher markieren Sie die Schnittstelle mit farblosem Nagellack. Wenn der Nagellack getrocknet ist, schneiden Sie das Knopfloch ein, und Sie haben eine saubere, nicht ausfransende Schnittkante zu benähen.
- Bei Blusenknöpfen fangen Sie am besten mit den untersten an. Wenn Sie da noch Anfangsfehler machen, fällt es nicht auf, weil der Teil der Bluse im Rock oder in der Hose steckt.

Knopflöcher in schweren Stoffen

- Um Knopflöcher in schwere Stoffe gerade einzuschneiden, legen Sie ein Stück Seife oder auch dicke Pappe darunter. Dann schneiden Sie mit einer Rasierklinge oder einem scharfen Teppich-Universalmesser den Stoff ein.
- Für handgenähte Knöpfe in dicken Stoffen nehmen Sie statt normalem Zwirn einfädiges Stickgarn oder die speziell dafür geeignete Knopflochseide.

Spitze Scheren

- Bewahren Sie kleine Scheren in einem Brillenetui auf. Dort ruhen sie sicher.

Ein Leichtes mit der Pinzette

- Halten Sie stets eine Pinzette im Nähkorb bereit. Sie eignen sich phantastisch dazu, Nadeln durch sehr dicke Stoffe durchzuziehen.
- Oder nehmen Sie die Pinzette beim Fadeneinfädeln zu Hilfe.

Scharfe Idee für Nadelkissen

- Zum Selbermachen: Füllen Sie einen Stoffbeutel mit ein oder zwei Ballen feiner Stahlwolle, und nähen Sie ihn fest zu. Ihr selbstgemachtes Nadelkissen hält nicht nur die Nadeln, sondern schärft sie gleichzeitig.

Aushilfs-Nadelkissen

- Stecken Sie für diesen Zweck einen sauberen Zigarettenfilter in eine Garnrolle.

Ordnung im Nähkasten

- Druckknöpfe: durch ein Stück Stramin zusammendrücken.
- Zierknöpfe: kleine Schachteln von Pfefferminzpastillen eignen sich hervorragend dafür.
- Borte: Reste von Stoßband, Schrägband und Spitze um eine große leere Garnrolle wickeln und die Enden mit Klebeband befestigen.
- Fragen Sie in Ihrem Schuhgeschäft nach Schuhschachteln von Babyschuhen, denn die haben genau die richtige Größe, um in dem Nähschrank Ordnung zu bekommen.
- Auch Zigarrenkisten und Bonbondosen eignen sich gut dafür.

Nähzeug ist auch Werkzeug

- Sehr übersichtlich ordnen Sie die Knöpfe aller Größen, Stecknadeln, Garnrollen, Schnallen usw. in einem Kleinteilekasten mit durchsichtigen Schubfächern, wie sie für Schrauben und Nägel im Werkzeugkeller verwendet werden. Die Kästen können entweder an die Wand gehängt oder auf einem Bord oder im Schrank neben- und übereinander gestellt werden.

Nähmaschine säubern

- Eine saubere Wimpernbürste eignet sich ausgezeichnet zum Reinigen der Spulenkapsel und aller Ecken und Winkel an der Maschine, wenn Ihnen die Spezialbürste dafür verlorengegangen ist.

Durch Reparieren wie neu

Kapuzenkordel

- Schnüre oder Kordeln an Kapuzen o. ä. zum Zuziehen sichern Sie am besten mit ein paar Stichen in der Mitte am rückwärtigen Saum. So können sie auf keiner Seite herausgezogen werden und verlorengehen.
- Oder nähen Sie »Bommel« an die Schnurenden, die größer sind als die Durchzugsöffnung. Auch so können sie nicht herausgezogen werden.
- Oder nähen Sie große Knöpfe an jedes Schnurende.

Applikationen aufnähen

- Tauchen Sie Applikationen oder auch Flicken vor dem Aufnähen in eine schwache Stärkelösung. Trocknen und bügeln Sie sie in Form, und sie werden beim Aufnähen nicht wegrutschen. Gestärkte Applikationen knittern außerdem nicht so leicht.

Ärmelnähte

- Versuchen Sie nach Möglichkeit, die Ärmel an Blusen, Oberhemden oder Jacken mit doppeltem Stich zu nähen, damit sich die Nähte nicht so schnell abnutzen und die Ärmel ausreißen.

Lätzchen aus Restchen

- Wenn Sie für ein kleines Kind Kleider oder Blusen nähen, machen Sie aus den Reststücken ein passendes Lätzchen. Verzieren Sie dieses mit farblich abgestimmten Schrägstreifen oder mit Spitze.

Flickwäsche kennzeichnen

- Die schmalen Drahtkrampen, die die Brotpakete zusammenhalten, eignen sich gut zum Beschriften und Markieren von Kleiderbügeln. Schreiben Sie »Flicken«, »Knopf«, »Saum« oder nur »Reparieren« darauf, und befestigen Sie die Krampe am Bügelhaken oder an einem Knopf der zu reparierenden Stücke.

Kinderkleider verlängern

- Ist ein Lieblingskleid zu kurz geworden, verlängern Sie den Saum mit einer breiten Zackenlitze.
- Oder setzen Sie breite kontrastierende Streifen dazwischen.
- Oder setzen Sie einen passenden Volant gekräuselt oder in Falten an den zu kurzen Rock.

Säumiges

- Den Saum eines sehr glatten, rutschigen oder sehr feinen Stoffes nähen Sie am besten so, daß Sie nach wenigen Stichen jeweils einen Knoten machen. Zerreißt der Faden, dann haben Sie nur das kurze Stück zwischen den Knoten wieder zu befestigen.

Bügelflicken auf Jeans

- Bügeln Sie auf die Innenseite der nagelneuen Jeans schon gleich am Anfang Flicken auf die Knie, dann tragen sie sich nicht so schnell auf.
- Benutzen Sie Plätzchenformen zum Vorzeichnen, wenn Sie aufbügelbaren Flicken eine lustigere Form geben wollen, und schneiden Sie nach diesen Vorlagen aus.
- Abgewetzte, alte Bügelflicken bringen Sie durch heißes Überbügeln wieder herunter. Der Flicken läßt sich dann leicht abziehen.

Schneller Jeans-Flicken

- Sind die Jeans an den Knien durchlöchert, flicken Sie sie mit den Gesäßtaschen von alten, abgelegten Jeans. Die Kanten sind schon fertig umgebogen und somit leicht und schnell festzunähen.

Ärmel verlängern

- Sind die Mantel- oder Jackenärmel Ihres guten Gelegenheitskaufs vom Flohmarkt zu kurz, setzen Sie einen Streifen Webpelz in passender oder kontrastierender Farbe daran oder darauf.

Handtücher und Waschlappen reparieren

- Retten Sie alte Handtücher und Waschlappen, indem Sie die abgewetzten Kanten mit Zierstichen umnähen. Nehmen Sie dazu die Zusatzeinrichtungen Ihrer Nähmaschine zu Hilfe.

Regenschirm reparieren

- Wenn eine Schirmspeiche im Sturm durchgebrochen ist, versuchen Sie, den Schaden zumindest vorübergehend so zu beheben: Zwicken Sie ein Stück Draht von einem Drahtbügel ab, legen ihn auf die Bruchstelle, und umwickeln Sie das Ganze mit einem festen Klebeband.

Schutzhüllen aus Duschvorhängen

- Falten Sie einen ausrangierten Duschvorhang in der Hälfte um, und nähen Sie die Seiten zusammen, so daß eine Hülle für zusammenklappbare Gartenmöbel entsteht.

Reise-Nähetui

- Kerben Sie ein leeres Streichholzbriefchen an beiden Kanten mehrmals ein, und umwickeln Sie es je Kerbe mit einem andersfarbigen Garn. Stecken Sie ebenfalls mehrere Nadeln mit der Spitze nach innen durch den Pappdeckel, und Ihr selbstgemachtes Reise-Nähetui ist fertig.

Kein verheddertes Strickgarn mehr

- Machen Sie sich Ihren eigenen Wollbehälter aus einer Literflasche aus Plastik, z. B. einer Mineralwasserflasche. Schneiden und trennen Sie vorsichtig den Boden heraus, legen das Wollknäuel hinein, ziehen den Faden am Flaschenhals heraus und kleben den Boden mit Tesafilm wieder an die Flasche.
- Oder ziehen Sie die Wollfäden, falls Sie mehrere Farben gleichzeitig verarbeiten, durch einen breiten Trinkhalm, so daß die einzelnen Fäden nicht durcheinander kommen.

Billige Strickvorlagen

- Leihen Sie sich ein Strickmusterbuch aus der Leihbibliothek aus, und arbeiten Sie danach, denn Sie haben 4 Wochen Leihfrist. Und langsame Stricker können die Leihfrist auch noch verlängern.
- Schauen Sie sich im Second-hand-Laden nach preiswerten Musterheften um.

Strickmuster-Merker

- Hier ein schneller und einfacher Tip: Schneiden Sie sich 3-Millimeter-Ringe von einem dickeren Plastik-Trinkhalm ab, und stecken Sie diese bei komplizierten Mustern auf die Stricknadeln. Der Durchmesser der Trinkhalme paßt bis Stricknadelstärke 5.

Ersatz für Maschenhalter

- Versuchen Sie es mit einer gedrehten, festen Schnur. Die Maschen lassen sich leicht darauffädeln, und es funktioniert genausogut wie ein teurer Maschenhalter aus Plastik.
- Einfache Haarspangen eignen sich gut als Maschenhalter.
- Oder nehmen Sie einen metallenen Ring vom Duschvorhang.
- Oder eine große Sicherheitsnadel, auf die Sie vorher einen kleinen Knopf gesteckt haben, damit sich die Maschen nicht im Federring einklemmen können.

Ersatz für Hilfsnadeln

- Nehmen Sie eine Haarklemme.
- Oder eine Haarnadel.

Hilfe beim Zählen

- Nehmen Sie ein Lineal mit Einkerbungen, um die Reihen zu zählen.

Maschen aufnehmen

- Wenn Sie keine Häkelnadel haben, um die heruntergefallenen Maschen wieder aufzunehmen, versuchen Sie es mit einer dünnen Stricknadel. Das ist etwas schwieriger, aber es geht.

Damit die Maschen auf der Nadel bleiben

- Wenn Sie Ihre Strickarbeit auf die Seite legen, spannen Sie ein Gummiband fest um die Nadelspitzen, und stecken Sie zur Sicherheit die erste Masche mit darunter.
- Oder stecken Sie kleine Korken oder Korkenscheiben auf die Spitzen.

Einen Pullover zusammennähen

- Statt gerader Stecknadeln nehmen Sie doch die Plastikstekker, die bei den Haarwicklern dabei sind. Sie sind viel länger, stärker und verschwinden besonders bei grobgestrickten Pullovern nicht im Maschengewirr.

Fransen-Hilfe

- Verdoppeln Sie die Zahl der Fransen, die Sie in einem Arbeitsgang herstellen, indem Sie die Fäden in Längsrichtung um eine Zeitschrift wickeln, statt wie bei einzelnen Fransen um einen kleineren Gegenstand. Schneiden Sie das aufgewikkelte Garn oben und unten durch, und binden Sie in der Mitte jeweils die Fadenbündel zu Fransen zusammen.

Stopfen

- Stülpen Sie gehäkelte und gestrickte Hausschuhe beim Stopfen über einen Schuh. Das Reparieren von durchgelaufenen Stellen ist nun viel einfacher.

Große Wollmengen verstauen

- Wenn Sie große Wollmengen für eine Tages-Bettdecke oder einen Teppich eingekauft haben, stecken Sie sie in Müllbeutel oder Kunststoff-Kleiderhüllen von der Reinigung.
- Oder nehmen Sie Flaschenkartons mit Unterteilungen, und sortieren Sie da hinein die verschiedenen Farben und Garnsorten.

Wenn einer eine Reise tut…

Die besten Tips für Urlaub und Umzug

Vorausplanung

- Planen Sie zuerst ein, was Sie zuletzt brauchen werden, also Abendgarderobe, Nachthemd oder Schlafanzug, Kulturbeutel etc.
- Packen Sie eine Garnitur Wäsche mit in den Koffer Ihres Mannes, und er gibt einen Tagesbedarf an Kleidung mit in den Ihren. Wenn dann ein Koffer auf der Flugreise verloren gehen sollte oder zu spät ankommt, haben Sie beide für die Überbrückungszeit etwas anzuziehen.

Selbstgemachte Reisebehälter

- Verwenden Sie als praktische Behälter für Ihre Nähsachen auf der Reise eine leere Plastikfilmdose. Einige Knöpfe, Garnrollen, Nadeln und Sicherheitsnadeln finden darin Platz.
- Schützen Sie Kosmetikartikel und Fläschchen auf der Reise, indem Sie sie in einer Plastik-Brotzeitschachtel aufbewahren.

Keine ausgelaufenen Flaschen

- Drücken Sie aus Plastikflaschen mit Haarshampoo oder Sonnenöl so viel Luft heraus, daß die Flüssigkeit bis zum Rand steht. Dann ganz schnell und sehr fest zuschrauben. Der so erzeugte Unterdruck verhindert das Auslaufen.

Nicht verlieren!

- Kofferanhänger gehen oft verloren; stecken Sie deshalb als zusätzlichen Schutz eine Visitenkarte oder einen Zettel mit Namen und Adresse in die Innentaschen des Koffers, oder kleben Sie ihn auf den inneren Kofferdeckel. Überkleben Sie auch außen auf dem Koffer Ihre Adressenkarte vollflächig mit Klebefilm, so daß sie nicht abgerissen oder beschädigt werden kann.
- Tragetaschen lassen sich mit zusammengebundenen Henkeln besser transportieren und gehen unterwegs nicht so leicht auf.

Schnell das eigene Gepäck erkennen

- Wickeln Sie buntes Elektrokabel oder farbiges Klebeband um den Griff, damit Sie im Koffergewühl am Flughafen Ihre Gepäckstücke sofort erkennen.

- Oder nehmen Sie buntes Garn.

Auslandsreisen

- Notieren Sie Paß- und Reiseschecknummern, und bewahren Sie sie getrennt auf.
- Nehmen Sie einen Flaschenöffner mit auf die Reise, dann haben Sie keine Probleme, wenn Sie unterwegs der große Durst übermannt.
- Bevor Sie im fremden Land einkaufen wollen, fragen Sie nach dem dortigen Wechselkurs, und fertigen Sie sich eine Liste mit gängigen Vergleichsbeträgen – 1, 2, 5, 10, 100 DM – an, um einen Überblick bzw. Vergleich zu haben.
- Oder lassen Sie sich vorher auf Ihrer Bank eine solche Tabelle geben.

Mit Kindern auf Achse

Der ewige Streit um die Sitzplätze

- Wenn die Kinder sich um die Sitzplätze streiten, lassen Sie das Los entscheiden, wer wo sitzen darf.

Malkästen für unterwegs

- Buntstifte, Papier und kleine Spielsachen sind in flachen Plastikschachteln mit Deckel gut für die Reise untergebracht. Geschlossen ergeben Sie eine gute Malunterlage.
- Oder Sie hängen einen Schuhbeutel mit den Malutensilien an den Mantelhaken im Auto.

Zur Ablenkung

- Nehmen Sie für die Kinder Kassetten mit ihren Lieblingsgeschichten oder den schönsten Liedern und einen transportablen Recorder mit auf die Reise.

Babyflasche

- Um eine Babyflasche im Sommer kühl zu halten, stellen Sie

sie in eine breitrandige Thermoskanne, und füllen Sie einige Eiswürfel drum herum.

- Oder stellen Sie die Flasche in eine verschließbare Plastiktüte mit Eiswürfeln, und wickeln Sie das Ganze in eine Papierwindel oder ein Geschirrtuch.

Wenn Freunde mitkommen

- Wenn Freunde Ihrer Kinder auf die Reise mitgenommen werden, lassen Sie sich von deren Eltern eine notariell bestätigte Vollmacht für eine eventuelle notärztliche Behandlung im Falle eines Unfalls oder schwerer Krankheit ausstellen.

Ein Umzug steht ins Haus

Organisation ist alles!

- Versuchen Sie es mit einem Farbcode. Nehmen Sie für jedes Zimmer einen anderen Farbstift, und markieren Sie damit die Umzugskartons. Im neuen Haus kleben Sie entsprechende Farbzettel an die Türen der Zimmer, und die Umzugsleute wissen, wohin sie die Kartons zu stellen haben.
- Besorgen Sie sich einen kleinen Spiralblock. Dann numerieren Sie die Kartons und tragen Nummer, Inhalt und Zimmerbezeichnung oder obigen Farbcode in den Block ein. Sie haben dann ein praktisches Nachschlagebuch, wenn Sie wissen wollen, welche Kiste zuerst geöffnet werden muß.

Vorausgedacht

- Wenn Sie in eine andere Stadt oder ein anderes Land ziehen, versorgen Sie sich mit Kleidung und Wäsche für die ganze Familie. Wenn die Spediteure sich verspäten sollten, stehen Sie wenigstens nicht ohne frische Wäsche da.

Das Packen

- Rasen- und große Müllsäcke sind ausgezeichnete Behälter, um Decken, Kleider und andere weiche Dinge zu verstauen. Sie sind billiger als Umzugkartons und können später zum

Aufbewahren von Dingen verwendet werden, die Sie nicht sofort wieder benötigen.

- Große Mülleimer aus Plastik sind ebenfalls hervorragende Verpackungsbehälter. Unzerbrechliches kann man lose hineinlegen, zerbrechliche Dinge werden vorher gut eingepackt und rundherum festgestopft, so daß sie nicht hin- und herfliegen können.
- Kleine Wäscheteile, wie Hand- und Geschirrtücher, Waschlappen und Kissenbezüge eignen sich gut als Packmaterial bei Geschirr. Sie schützen das Porzellan und nehmen keinen zusätzlichen Platz weg.
- Drücken Sie Schrauben, Schlüssel und kleine Beschläge auf ein selbstklebendes Packband, das auf die entsprechende Möbelrück- oder -unterseite geklebt wird, damit sie auf dem Transport nicht abhanden kommen und beim Zusammenbau dann fehlen. Aber seien Sie achtsam, wohin Sie das Band kleben, denn beim Abziehen könnte die Politur mit abgehen.

Gedächtnisstütze

- Fotografieren Sie die Aufstellung Ihres kompliziert arrangierten Porzellans und Ihrer Gläser in den Schränken. Wenn Sie es im neuen Haus auspacken, haben Sie eine praktische Anleitung zum Einräumen parat, ohne bei dem Trubel große Überlegungen anstellen zu müssen.

Hinaus in die freie Natur

Eisbehälter

- Kühlen Sie das Innere des Behälters vor, indem Sie Eis hineinfüllen. Mindestens 15 Minuten stehen lassen, dann entleeren und mit frischem Eis füllen. Dann bleibt es länger kalt.
- Oder legen Sie die Kühltasche in die Gefriertruhe, wenn Sie Eis oder Gefrorenes darin aufbewahren wollen.

Weinflaschen und Gläser transportieren

- Zerbrechliches sollte mit einer doppelten Lage Küchenpapier umwickelt und so in einem festen Behälter verstaut werden, daß kein Bewegungsspielraum mehr vorhanden ist.

Küchenrolle im Freien aufhängen

- Das geht ganz einfach, wenn Sie einen Drahtkleiderbügel nehmen und die untere Stange mit einer Zange auseinanderzwicken. Dann ziehen Sie den Draht nach unten, stecken die Rolle mit den Papiertüchern darüber, biegen den Draht wieder nach oben – und fertig ist der Aufhänger.

Pfeifen Sie SOS

- Wenn Sie in die Wälder ziehen, nehmen Sie eine Trillerpfeife mit. Falls Sie sich verlaufen sollten, pfeifen Sie dreimal hintereinander und wiederholen das alle paar Minuten. Jedes dreifache, in Abständen wiederholte Signal gilt allgemein als Notruf und wird baldige Hilfe bringen.

Mini-Backofen

- Rösten Sie Kartoffeln am offenen Feuer, aber legen Sie sie in eine leere Blechbüchse, damit sie nicht verkohlen.

Improvisierter Grill

- Legen Sie die Innenseite eines blechernen Mülltonnendeckels mit Alufolie aus, und legen Sie ihn auf vier leere Blechbüchsen oder besser Ziegelsteine. Füllen Sie Holzkohle hinein, und legen Sie einen Rost darüber.

Reinigen von Gußeisenpfannen

- Ohne Wasser zu verwenden, reiben Sie die Pfanne zuerst mit einem Papiertuch aus. Geben Sie dann ein bis zwei Eßlöffel Salz in die Pfanne, und reiben Sie mit einem zweiten Tuch nach. Das Salz nimmt das Fett auf und wirkt gleichzeitig als Schmirgel. Das restliche Salz zum Schluß herauswischen.

Kein Sand an der Seife

- Um zu verhindern, daß beim Baden im See Sand an der Seife festklebt, stecken Sie sie in einen Nylonstrumpf.

Wäscheleine ohne Klammern

- Legen Sie eine lange Leine zur Hälfte zusammen, und befestigen Sie das doppelte, geschlossene Ende an einem Baum. Die beiden losen Enden drehen Sie fest umeinander, als wollten Sie eine Kordel daraus drehen, und wickeln sie um einen anderen Baum. Die aufzuhängende Wäsche brauchen Sie nun nur zwischen die zusammengedrehten Leinen zu stecken, und Wäscheklammern sind überflüssig.
- Haben Sie keine Leine, tut's auch eine alte Strumpfhose, die sich bis auf 2 ½ m auseinanderziehen läßt.

Trockener Vorrat im Boot

- In einem offenen Boot schützen Sie Zündhölzer und anderes vor Feuchtigkeit in Plastikdosen mit Schraubdeckel, die unter die Sitze montiert werden können.

Mit Baby am Strand

- Ein großes Bettlaken als Unterlage ist kühler als eine Decke. Und außerdem läßt es sich leichter ausschütteln.
- Füllen Sie ein Einkaufsnetz mit Sand-Spielsachen für den Strand. Das Ganze läßt sich zum Saubermachen leicht ins Wasser tauchen und kann dann abtropfen.

Alphabetisches Stichwortverzeichnis

In diesen Ratgebern
finden Sie die besten Tips und Tricks

Illustriert von Josef Blaumeiser

Delphin